基础教育改革与教师专业发展丛书

班 主 任 工 作 系 列

班主任与班级文化建设

BANZHUREN YU BANJI WENHUA JIANSHE

汪昌华◎著

安徽师范大学出版社

责任编辑:郭明乐　陈　艳　　责任校对:孙新文
装帧设计:丁奕奕　　　　　责任印制:郭行洲

图书在版编目(CIP)数据

班主任与班级文化建设/汪昌华著．—芜湖:安徽师范大学出版社,2014.3(2014.6重印)
(基础教育改革与教师专业发展丛书)
ISBN 978-7-5676-0298-4
Ⅰ.①班…　Ⅱ.①汪…　Ⅲ.①中小学—班主任工作　②中小学—班级—学校管理　Ⅳ.①G635.16　②G632.421

中国版本图书馆CIP数据核字(2012)第319357号

班主任与班级文化建设
汪昌华　著

出版发行:安徽师范大学出版社
芜湖市九华南路189号安徽师范大学花津校区　　邮政编码:241002
网　　址:http://www.ahnupress.com/
发 行 部:0553-3883578　5910327　5910310(传真)　E-mail:asdcbsfxb@126.com
经　　销:全国新华书店
印　　刷:安徽芜湖新华印务有限责任公司
版　　次:2014年3月第1版
印　　次:2014年6月第2次印刷
规　　格:787×960　1/16
印　　张:10
字　　数:161千
书　　号:ISBN 978-7-5676-0298-4
定　　价:20.00元

求。持续不断的基础教育改革,使每一个投身于教育实践工作的人都面临着一系列无法回避的挑战。这种挑战,既意味着教育实践工作者不得不正视和思考教育改革带来的各种新的问题,同时也意味着他们在面对不断变化的教育实践情境时,必须采取适当、合理的因应与行动。

教育大计,教师为本;有好的教师,才有好的教育。这既是基础教育改革实践的强烈诉求,同时也是理性认识基础教育改革所形成的共识。好的教师,才有可能既娴熟自如地驾驭教育教学活动,最大限度地促进学生的发展,同时又能够有效地应对社会和教育发展所带来的各种新变化、新要求,成为教育改革的参与者和"弄潮儿"。好的教师由何而来呢?也许人们对这一问题有着各自不同的认识,也许不同的教师其成长的过程和方式各有差异,但可以肯定的是,好的教师既需要经受教育实践的历练,需要教育实践给予其充分展现的机会,同时,也需要接受教育理论的滋养,需要对教育教学的本质和规律性有着正确的认知和把握。

与教育实践工作者相同的是,教育理论工作者也正在面对教改所带来的诸多挑战。基础教育改革的蓬勃展开,也必然会对教育理论工作者提出如何恰当地回应教育改革、如何研究和解决教育改革中出现的各种新问题、如何引领教育改革的发展方向等诸多问题。可以说,在教育改革持续展开的背景下,教育理论工作者正面临着双重任务:一是必须及时研究和探索教育改革中不断出现的新情况、新进展,发现制约改革的各种因素和变量,揭示和分析教育改革发生发展的特点和规律;二是必须观照教育改革参与者特别是中小学教师的实践诉求,通过对教育改革实践的理论阐述,引领他们更加理性、有效地处理改革实践中所遇到的种种现实问题。

我们欣慰地看到，当前，已有很多学者对基础教育改革的一系列重要问题进行了深入的研究和探讨，从多角度、多方位提出了诸多有关教育改革的真知灼见，展示了学者们对教育改革实践的理性认识。然而，如何将这些理性认识转变为教育改革实践的理性行动，却需要做一番综合与转化工作。所谓综合，就是要对不同的理论研究成果，根据教育实践的逻辑，重新进行组合与梳理，以形成更加适合于教育实践的知识体系；所谓转化，则是要通过对知识的再加工和再创造，将原本用于精确表达思想和观念的科学话语体系，转变成实践话语体系，从而更加适合教育改革实践的需要。而本套丛书所努力达成的，就是这样的一个目标。我们期待我们所做的综合与转化的努力，能够产生切实的实践效果。

教育改革既涉及宏观层面，也涉及微观层面。仅有宏观层面的努力而缺失微观层面的配合与行动，教育改革不可能取得成功。宏观层面的教育改革主要是由政府来决定和实施，而微观层面的改革不仅需要政府的介入，更需要教育实践工作者的实际行动。我们编写这套丛书，主要的目标是指向微观层面，指向中小学教师的教育教学实践。丛书涉及当前基础教育改革和教师专业发展的诸多领域，主要针对当前基础教育改革和教师专业发展中所遇到或将要遇到的一系列问题而编写，以问题作为研究和讨论中心。我们期望通过聚焦教育改革实践中遇到的各种实际问题，借鉴中外教育改革的研究成果和成功经验，为教育实践工作者正确地认识和把握这些具体的实际问题提供指导和帮助。

本丛书主要包括教师专业发展系列、基础教育改革与学生发展系列、新课程教学探索系列、班主任工作系列、心理健康教育系列、教师专业标准系列等，读者对象主要是广大中小学教师。丛书的定位是理论与实际有机结合、介于学术著作和通俗读物之间,既注意吸收相关学科领域的最新成果,反映教育教学研究的前沿动态,又注重贴近中小学教师的工作和生活,对目前我国基础教育的实际以及教改实施与进展的状况进行分析和探讨,注重解决读者在实践中遇到的问题或困惑,努力做到科学性、前沿性、实用性的统一。丛书内容通俗易懂,深入浅出,每册书在内容上不求大而全,不求面面俱到,而是突出重点,将关注教师的需求放在第一位,尽可能为他们提供有针对性的思想和理论的引领,给他们以实践操作的启发。

我们相信本套丛书的出版,能让广大一线中小学教师获得所需的知识和有益的启示,对学校的进步、教师的发展和学生的成长发挥建设性的指导作用,为促进教育改革和教师发展增添些许动力。我们也期待着本丛书的出版,能够为师范院校相关学科的教学与研究提供更为丰富的素材,从而推动教师教育质量的不断提升。

编委会

二〇一三年一月

目 录

第一章　班级文化及其建设意义

用智慧经营班级①

经营班级文化，触动学生心灵，努力营造积极、健康向上的班级文化，已成为提高班级管理水平和促进学生发展的一个重要举措。

一、班级物质文化的建设

1. 班名：凌志阁。在教室大门上边是班名“凌志阁”，取其“励志照亮人生，知识变革命运”之意。

2. 班徽：奔跑者。热烈的红色象征着奔跑者莘莘学子对知识渴求的激情，奔跑加速度是梦想奔向成功的步伐。温暖的黄色代表着同学们手足情深，温暖的双手托起了激情的奔跑者，为成功加速；环保的绿色代表着师生情深，老师用奉献的双手托起了希望之星；宁静的蓝色代表着父母广阔的胸怀，他们用辛劳的双手托起了家庭的梦想；奔跑者的造型恰似数字“九”，代表着九班的浓浓情谊天长地久！

3. 对联文化：苦乐年华。大门两旁赫然贴着对联“怕吃苦莫进此门，图安逸另寻他途”。这两句成了学生的励志警言，它激励着莘莘学子不畏艰难困苦，追逐梦想，收获成功的喜悦，拥有灿烂的未来。

二、班级制度文化建设

班级理事会：班级理事会的组织成员包括班主任、班长、团委书记、常务副班长、团委副书记、学习部部长、财政部长等。

---

① http://www.ycy.com.cn/article/jswy/200801/22804.html

班主任：全面负责班级组织建构与重要制度、规则的制定，同各学科任课教师沟通与协调具体学科教学，促进班级教学有序高效地开展。

班长：主管各项事务。如班内卫生、课外活动等事务。下设体育部、劳动部、车管处、安全部。

团委书记：主抓班级文化建设，在班内构建良好的文化环境。下设文宣部、摄影部、书写部、考核部。

学习部长：下设四大组长、考试部、计划部、电教部。

财政部长：负责管理班费，办理各项消费项目。

班委每周召开一次班委常委会制定下周计划，待班主任审核后执行。

三、班级精神文化建设

1. 班魂："价值人生"。班级的核心价值取向是班级的灵魂，"价值人生"诠释了班级学生的人生价值取向以及做人的标准，具体表述为：我是一位有智慧的人，我是一位有能力的人，我是一位快乐喜悦的人，我是一位全力以赴的人，我是一位有信心的人，我是一位有创造力的人，我是一位真诚的人，我是一位平静的人，我是一位有领袖魅力的人，我是一位有价值的人，我是一位有贡献的人，我是一位有创意的人，我是一位亲和力强的人，我是一位做足准备的人，我是一位善于沟通的人，我是一位遵守承诺的人，我是一位有素质涵养的人，我是一位有责任感的人，我是一位幸福和知道感恩的人。我要努力，我要成功。加油！加油！加油！

在班级的一些仪式活动中，学生宣誓班魂，反思自己的言行，体现"先做人、后成才"的做人理念。只有做好一个真正的人，才能做好该做的事；做自己想明白的事，还要正确地做自己想明白的事，直到成功！

2. 班训：承受极限，命运改变。没有人能随随便便成功，不经历风雨怎能见彩虹？这就要求每一个学生要有承受极限的韧劲，才能把命运掌握在自己手中。

3. 班级精神：特别能吃苦，特别有礼貌，特别能拼搏，特别能坚持，特别有志气，特别有作为。

"播下一种文化，收获一种习惯；播下一种习惯，收获一种性格；播下一种性格，收获一种命运。"一个优秀的班级要有先进的、富有特色的文化。"立体化"的班级文化——物质文化、精神文化和制度文化构成了先进的文化体系。"立体化"班级文化建设，让教室的每一个角落都跳动着思想的火花，营造出了"催人奋进、勇立潮头"的良好氛围。环境可以造就人。教育者把教育思想渗透在班级的文化氛围中，发挥班级文化的育人价值，潜移默化地影响学生的成长。

戈登·德莱顿和珍妮特·沃斯在《学习的革命》中曾有段精彩的论述："如果一个孩子生活在批评之中，他就学会了谴责；如果一个孩子生活在敌意之中，他就学会了争斗；如果一个孩子生活在恐惧之中，他就学会了忧虑；如果一个孩子生活在怜悯之中，他就学会了自责；如果一个孩子生活在讽刺之中，他就学会了害羞……反之，如果一个孩子生活在鼓励之中，他就学会了自信；如果一个孩子生活在忍耐之中，他就学会了耐心；如果一个孩子生活在表扬之中，他就学会了感激；如果一个孩子生活在接受之中，他就学会了爱；如果一个孩子生活在分享之中，他就学会了慷慨；如果一个孩子生活在诚实和正直之中，他就学会了真理和公正；如果一个孩子生活在安全之中，他就学会了相信自己和周围的人……"孩子学会了什么，恐怕并不是我们教育者有意识地给了学生什么，而是我们让孩子在怎样的条件下生活，当然包括在班级中过什么样的生活。班级是学校的基本单位，班级物质环境和精神环境构成学生真实生活的现实社会，班级文化深刻地影响学生的发展。

第一节　班级文化的概念及其建设意义

在日常生活、学术研究、学校改革实践中，"文化"一词出现的频率很高。人们在不同的意义、不同的层面上使用文化这一概念。何谓文化？什么是班级文化？班级文化如何出现与兴起？党的十七届六中全会提出了推进我国文化改革发展的极端重要性和紧迫性，班级文化建设研究应对这些问题作出回答。

一、班级文化研究的兴起与发展

班级文化研究的兴起是由于教育实践的推动和需要，它是伴随着学校文化研究的兴起而产生的。

20世纪20年代，西方青年颓废问题对社会造成重大影响，青年颓废问题及其文化成因研究引起了西方社会学家的关注。最早提出“学校文化”这一概念的是美国学者华勒（W. Waller），他在1932年《教学社会学》中提出了学校生活、师生关系对整个班级的影响。[①] 美国学者杰克逊在《班级生活》中首次提出了“隐蔽课程”，他分析了教室中的团体生活、报偿体系和权威结构等学校特征，认为就是这些不明显的学校特征形成了独特的学校气氛，从而构成了隐性课程。日本教育家片冈德雄在其著作《班级社会学》中分析了班级文化的影响力，具体论述班级文化对学生生活及行为方式的影响。

20世纪80年代，在国内“文化热”的影响下，学校文化受到关注，班级文化随之在国内兴起与发展。1986年4月，上海交通大学竞选学生会主席的多位学生将学校文化作为竞选旗帜提出。11月，学校文化被团中央、全国学联作为会议议程的一项重要内容。1990年4月，共青团中央宣传部、中国教育学会、中国高等教育学会在北京联合召开“全国校园文化理论研讨会”，成为我国学校文化的标志性活动。

近年来，班级文化研究受到我国学者关注，学者们从教育文化学、教育社会学、教育管理学和教育心理学多方面展开研究。叶澜从教育与文化的关系的角度提出：“在当代，文化在教育中的功能更被关注的将是形成学生对周围世界和自己的一种积极而理智的，富有情感和探索、创造、超越意识的态度与作用方式……学校教育中的文化也要被作为动词来理解，文化在学校教育中将活化。”[②]卫道治、沈煜峰从文化的结构体系的角

---

① 吴康宁. 课堂教学社会学[M]. 南京：南京师范大学出版社，1999：13.

② 叶澜. 世纪之交中国学校教育文化使命之思考[J]. 教育改革，1996(4).

度提出，教育社会体系内部的文化包括理念形态的教育意识形态、教育知识社会学以及作为制度性文化的教育意识形态。[①] 鲁洁认为，社会生活方式和社会意识形态对班级文化的形成起着更为直接的制约作用。正是在宏观社会文化背景下，班级根据一定的教育目的，以正式课程与潜在课程、交往与人际关系、制度以及环境等载体，对社会文化进行选择、加工、吸收和再创造，形成一种由教师文化、学生文化、个体文化和群体文化组合而成的独特的班级文化模式。[②] 黄可国认为，在集体活动中，集体荣誉感是一种巨大的心理动力。它能调动学生参与班级活动的积极主动性，加强组织纪律性。[③] 江光荣对班级文化环境的构成要素、研究方式进行了剖析，并编制《我的班级》测验量表，为后续研究提供较为科学的测量工具。[④]

二、班级文化的概念

班级是学校的基本组成单位，是学生学习与生活的主要场所，班级文化是一个班级的灵魂，是学校文化的基点，是社会文化的亚文化。为了说明班级文化是什么，首先要了解什么是文化，什么是学校文化。

（一）文　化

文化是人类特有的现象。文化是社会的重要组成部分，文化与教育的关系备受关注。不同的学科、不同的学术流派从不同的角度对文化的内涵进行界定。由于文化内涵的丰富性与复杂性，因此，文化的定义具有多样性。美国学者克鲁伯和克拉克洪在《文化概念和定义的批评评述》中，对包括社会学、人类学、民族学等学科领域的研究加以归纳，得出了200余种文化的界说。[⑤] 英国人类学家泰勒在《原始文化》中认为，文化是

---

① 卫道治，沈煜峰. 人·关系·文化——教育社会学观略[M]. 长沙：湖南教育出版社，1988：56－64.

② 鲁洁. 教育社会学[M]. 北京：人民教育出版社，1990：77.

③ 黄可国. 班主任管理班干部的学问[M]. 哈尔滨：北方文艺出版社，2007：67－70.

④ 江光荣. 班级社会生态环境研究[M]. 武汉：华中师范大学出版社，2002：112－134.

⑤ 刘象愚. 文化观念的演变[J]. 学术界，2006(3).

包括知识、信仰、艺术、道德、法律、习惯以及其他作为人类的成员而获得的种种能力、习性在内的一种复合的整体。威廉姆斯认为，文化包括了生产的组织、家庭的结构、组织的结构等，它们表达或控制着各种社会关系，构成社会成员间相互交往的特殊形式。当代哲学家皮尔森认为，“文化主要不是意指包括诸如工具、图画、艺术作品，更不消说博物馆、大学楼、税务所在内的客体或产物，而是首先意指人制造工具或武器的活动；舞蹈和念咒的礼仪；以及与性爱、打猎、准备食物相关联时的各种行为模式。文化的一个方面是传统，即所有物和规则的传递，然而这种传统是包含在人的活动变化之中的，是包含在现存文化形式所体现的无数变化和发展的可能性之中的。”①我国也有学者认为，文化是内在于人的一切活动之中，左右人的行为方式的基本生存模式。张岱年和程宜山先生著的《中国文化与文化论争》一书中认为，文化是人类在处理人与世界关系中所采取的精神活动与实践活动的方式及其所创造出来的物质和精神成果的总和，是活动方式与活动成果的辩证统一。在关于文化的界定中，研究者普遍认可，文化是人类创造的构成人之特性的东西，是人类的生存方式。

（二）学校文化

班级文化产生和运行的最基本的外部环境是学校文化。美国学者华勒在《教学社会学》中将学校文化定义为学校中形成的特别文化。这个概念明确指出了学校文化发生的场域——学校。在此基础上，诸多学者对于学校文化的研究各抒已见。菲利普（Phillips）认为，学校文化体现学校特征的信仰、态度和行为。皮特森（Kent D. Peterson）教授关于学校文化的阐述，在西方乃至整个学术界都具有深远的影响，他提出：学校文化是一组规范、价值和信念、典礼和仪式、象征和事迹，这些因素构成了一所学校不同于其他学校的个性，正是这些不成文的因素随着时间的流逝促使教师、管理者、家长和学生一起工作、一起解决问题，共同迎接挑战和面对失败。大卫·斯图瓦德（David Stewart）认为，学校文化即我们这里的人做事的方式，描述了学校成员一般所认同的价值和信念。霍克曼关于

---

① ［荷］冯·皮尔森. 文化战略［M］. 刘利圭，译. 北京：中国社会科学出版社，1992：2.

学校文化的定义经常被引用，他认为学校文化可以理解为教师、学生和校长持有的共同信念，这些信念支配着他们的行为方式；同时，学校文化和学校本身的传统和历史也有密切的关系。也就是说，学校文化应该是学校校长、教师和学生所共同具有的和共享的信念，其形成又是与特定的学校历史传统紧密联系的。① 台湾教育社会学家林清江在《教育社会学新论》中将学校文化定义为“学校各组成分子所构成的价值和行为体系”。他认为学校文化具有五种性质：1. 学校文化是一种次级文化。它一方面反映大社会的文化，另一方面又有其独特性。2. 学校文化是一种综合性的文化。它的综合性反映在两个方面，一是成年人与年轻人之间的文化综合，二是包括校内、校外的文化综合。3. 学校文化是一种对立与统一互见的文化。师生价值规范、行为方式等方面存在差异导致冲突，但又维系着统一。4. 学校文化是一种兼具积极功能与消极功能的文化。5. 学校文化是一种可以有意安排或引导发展方向的文化。顾明远认为，“学校文化是经过长期发展历史积淀而形成的全校师生（包括员工，下同）的教育实践活动方式及其所创造的成果的总和。这里面同样包含了物质层面（校园建设）、制度层面（各种规章制度）、精神层面和行为层面（师生的行为举止），而其核心是精神层面中的价值观念、办学思想、教育理念、群体的心理意识等。”②

（三）班级文化

班级文化是每个班级都应具有的班级管理的软要素，班级文化作为一种特有的教育力量渗透于一切班级活动之中，对学生心理素质的培养具有引导、平衡、充实和提高的作用。

我国学者对班级文化的内涵的界定进行了积极的探索。史华楠等学者认为，班级文化是班级成员所占有的文化的总体，是班级成员通过各种活动而形成的集体心理氛围、班级组织和交往行为，以及通过班级所体现出来的群体价值取向、意志品质和思维方式、思维能力等。吴春燕则认

---

① 徐书页．学校文化建设研究［M］．桂林：广西师范大学出版社，2008：13．

② 顾明远．论学校文化建设［J］．西南师范大学学报：人文社会科学版，2006(9)．

为，班级文化是社会文化的亚文化，是在社会主流文化、学校教育文化、教师文化的影响下，由班集体全体成员自己创造出来的独特的班级生活方式。齐学红认为，“教师群体和学生群体彼此之间以及学生群体内部之间共同创造的一切物质的、制度的和精神的环境，能够促进师生共同进步和成长。”[①]林冬桂认为，班级文化是由班级成员（包括教师和学生）在学习和交往活动过程中所形成的理想信念、价值取向、态度、思维方式、行为方式及其物质表现形式。具体地说，班级文化既包括班级物质文化，如教室的布置、墙面的设计、桌椅摆放方式、活动的设施，也包括班级精神文化，如班级学生的信念、价值观、态度等；既包括班级显性文化，如班级的规章制度、日常行为准则等，也包括班级隐性文化，如班级师生的精神面貌、班风、学风、人际关系等；既包括班级群体文化，即班级群体在活动中共同表现出来的观念体系和行为模式，也包括班级个体文化，即学生个体的观念体系和行为模式；既包括规范文化，即班级价值取向与社会主导的价值规范同构且符合社会期待的文化，也包括班级中存在的社会期待以外的非规范文化。[②]

上述关于班级文化的定义从不同的角度表达了多样的观点，但是这些概念之间具有共同的关键点：1. 班级文化的主体是班级成员，是关于教师群体和学生群体的文化。班级文化是教师群体和学生群体创造的，其特征由班级成员规定，其意义和价值由班级成员来赋予和认同，并且班级文化是为班级成员服务的。2. 班级文化表现在班级成员的思想观念、行为活动、规章制度中。3. 班级文化一定是共享的。班级教师和学生个体的价值取向、目标规范、行为方式等并不能称其为班级文化，只有当师生个体的价值取向、目标规范、行为方式等为班级群体成员所共享时，才能称其为班级文化。班级内不同的教师和学生会有不同的行为、信念、价值观等，但能够称得上班级文化的，绝不是这些林林总总的行为、信念、价值观，而是班级所有成员都认可的且自觉去维护的原则、规范和价值观，这就是班级文化。

---

① 齐学红. 班级管理[M]. 武汉：武汉大学出版社，2011：117.

② 林冬桂. 论班级文化的功能及建设[J]. 教育导刊，2000(11).

综上所述，我们给班级文化下个定义：班级文化是指班级发展过程中形成的独特的班级生活方式，具体表现为班级群体成员共享的理想信念、价值取向、思维方式、行为方式及其物质表现形式。

三、班级文化建设的意义

（一）推进素质教育改革进程

传统应试教育制约着素质教育的推进。应试教育关注少数学生，主张分数至上，片面追求升学率，不利于全体学生的全面发展。而以价值观、班风、舆论、思维方式、行为方式为代表的班级文化，直面全体学生，在其熏陶、影响、渗透、暗示所产生的凝聚、驱动、同化效应中，形成了与集体要求相一致的思想和行为。班级文化是一种无形的教育力量，其影响的无痕性、全面性有利于学生生动、活泼、主动的发展，有利于提高德育的实效性，有利于推进素质教育的进程。

（二）为学校文化建设奠基

2006年《教育部关于大力加强中小学校园文化建设的通知》明确提出："学校文化是学校教育的重要组成部分，是全面育人不可或缺的重要环节，是展现校长教育理念、学校特色的重要平台，是规范办学的重要体现，也是德育体系中亟待加强的重要方面。"学校文化是班级文化的导向，班级文化是学校文化的重要组成部分，是学校文化的重要基石；学校文化建设制约着班级文化建设，班级文化建设影响着学校文化建设。班级文化的核心——班级的价值观念、班级舆论、班风、学风、行为方式、人际关系等，是学校文化的具体体现，它的生成与发展直接关系学校文化建设的成效。从一定意义上说，要搞好学校文化建设，就必须重视班级文化建设，只有从班级文化建设抓起，把具有班级特色的文化建构起来，互相协调作用，方可形成学校文化，为学校文化建设奠定坚实的基础。

从目前学校文化建设的状况来看，学校重学校文化建设、轻班级文化建设，"学校有文化、班级无文化"的现实制约着学校文化的深化与发展。班级文化作为学校文化的基础性工程，随着学校文化的推进与发展，班级文化建设总体上尚不能适应学校文化的进展。班级文化尚处于自发的经验层面，一些学校的领导和班主任对班级文化的意识淡薄。一些学校的学校文化建设与班级文化建设分离，尚不能将班级文化整合到学校文化中去，从而使学校文化建设处于虚幻和孤立的境界，学校文化的践行也只是一句空话。而班级文化的建设与发展，会给学校文化奠定坚实的基础，使学校文化充满活力。

天津市瑞景小学以“乐学”为核心价值取向，以“乐学、乐教、乐在校园”为基本办学理念，以“乐中学、学中乐”，“快乐中发展、发展中快乐”为办学宗旨，让学校成为学生的精神乐园，建构学校的班级文化。以“乐学”为核心理念，包括扬长、激趣、和谐、成功四个要素，全校各班从“乐学”理念的四个要素出发，并结合本班班情确定了班训。例如：一(3)班的班训为“塑造最好的自己”，四(1)班的班训为“快乐学习、点亮智慧”，五(1)班的班训为“燃放爱心、拥抱快乐”，六(1)班的班训为“扬理想之风帆、抵成功之彼岸”等。各班围绕班训开展班级文化活动，将班级文化整合到学校文化中，从而使班级文化建设目标明确，同时彰显了学校的文化建设理念，将学校文化具体落实到班级文化建设中，扎实进行班级文化建设，为学校文化奠定坚实的基础，有力地推进了学校文化的建设。

(三)提升了班级管理的水平

班级管理的目的是促进班级学生、教师的发展。班级管理经历了“人治”的经验管理阶段和法治的制度管理阶段，进入了更高层面的文化管理阶段。在经验管理阶段，班级管理仰仗于班主任的经验、威信、能力、素质。在制度管理阶段，班级管理有章可循、有法可依。但是规章制度的制定和执行，在一定程度上忽视了人的主体性，对人的创造性和积极性存在一定程度的压制。班级文化的管理不断超越班级规章制度，师生在交往过程中形成班级价值观、奋斗目标、舆论和风气、思维和行为方式等，把制度化的“物”的尺度内化为师生自主自觉的“心灵”的尺度，使班级成为一个有思想、有灵魂的生命体，使班级、学生、教师可持续地和谐发展。

第二节　班级文化的特征

一、班级文化特征的认识

班级文化的自身特点以及与学校文化、社会文化的关系，决定了班级文化的基本特征。基于各个班级自身的特点，班级文化呈现个性特征。由于学者从班级文化的不同角度去理解，因此，班级文化具有多样的特征。

（一）从班级文化结构体系的角度

有研究者认为，班级文化具有整体性、潜隐性、动态性和导向性。班级文化体现在班级学习和活动的各个方面，是以整体的形式表现出来的，从而形成一个独特的系统，体现着班级的整体风貌，而且也代表着班级的价值取向和行为趋向。班级文化具体体现在班级师生的思想观念、行为规范、班风、舆论及班级成员的人格中，主要以精神文化形态出现，对学生的影响是在潜移默化中产生与发展的。班级文化是在社会文化的影响下，在班级成员的活动和交往过程中逐渐发展和丰富起来的，是一个动态的、渐进的、发展变化的过程。

有研究者认为，班级文化具有方向性、集体性、育人性、规范性、创新性等特征。方向性是指班级文化要始终坚持正确的价值理念，具体体现在班级精神和班级奋斗目标中。集体性就是指班级文化是由全班师生集体创造的。育人性是指班级文化建设的根本目的与任务是教育、培养人，促进班级形成各自的特色。规范性是指班级文化代表班集体师生的理想、愿景与利益等，规范班集体成员的行为。创新性是指班级文化在坚持本班自身优良传统的基础上，创造出本班自己的特色来。[①]“创新”是文化的灵魂。

---

① 李文萍．班级文化建设的内容及其特征［J］．教学与管理：小学版，2004(12)．

(二)从班级文化功能的角度

有学者认为,班级文化具有育人的广泛性、主动性及持续性等特征。班级文化是以学生文化活动为主要内容的文化氛围和精神风貌,将德育、智育、体育、美育有机地结合起来,寓教育于文化活动中,学生得以自我教育、自我管理和自我发展,使学生综合素质得以提高,其教育影响具有广泛性、主动性及持续性。① 有学者从班级是学生日常生活世界的角度,立足于促进学生发展,认为班级文化应具有生活化、自立化及个性化的特征。班级精神、文化标识等脱离学生精神生活,也就丧失存在的根基,应营造有生命的文化,走向生命就是走向生活。班级是学校的基本单位,应具有其自立的内在的精神;班级文化作为学生生活的微观世界,应为学生提供富有个性的文化生活世界。②

此外,学者们基于自身的研究旨趣从不同的角度,对班级文化的特征提出了多样的观点。有学者认为,班级文化具有创新、团结、开放和民主的特点。③ 有学者认为,班级文化作为一种群体文化,有松散性、包容性和模糊性的特点。④ 有学者认为,班级文化具有科学性与思想性相结合、多元性与统一性相结合、稳定性与可塑性相结合、独立性与开放性相结合的特征等。⑤

二、班级文化的一般特征

关于班级文化特征的研究方面,由于学者们基于不同的研究角度去理解,因此,班级文化具有多种多样的特征,没有一致的表述。总体上看,关于班级文化的特征形成了一些基本共识。

① 倪建英. 坚持以人为本,开展班级文化建设[J]. 北京教育学院学报,2005(2).

② 王文忠. 小学班级文化的建设[J]. 现代中小学教育,2001(5).

③ 周洋,马秀峰. 班级学习共同体内隐性知识的共同障碍与对策分析[J]. 现代教育技术,2007(3).

④ 朱士兰. 班级文化中的教师角色[J]. 北京第二外国语学院学报,2000(3).

⑤ 裴春燕,刘东风. 浅谈班级文化的意义、特点及其建设[J]. 太原教育学院学报,2004(6).

(一)教育的鲜明性和导向性

任何文化都对社会成员具有教化的作用和教育的意义。但是在日常生活中社会文化的教化并非是有意识、有组织的,社会文化中的消极因素会对社会成员起到不良影响。班级文化是教师根据学生成长的规律以及班级学生的状况有意识营造的,是经过班级师生日常生活的教育实践活动积淀起来的。它反映了班级的价值取向和教育目标,具有很强的导向性和鲜明的教育性。①

班级文化体现着班级成员的总体精神面貌,体现班级成员的价值取向和行为方式。这就是班级文化的导向性特点。具体说,第一,班级文化体现着班级的价值取向,反映了大多数班级成员共同认同的价值观、道德观以及对班级各种活动的态度倾向,是班级成员认识水平的反映,是班级成员在活动和交往中形成和发展起来的共同意识的体现,代表着班级文化发展的方向。第二,班级文化反映了大部分班级成员的行为模式,为班级成员提供了行为的基本准则、模仿的依据和评价的标准,并且在班级成员的心理上形成一种定式,进而引导着学生的行为,促进其行为习惯的形成。班级的班风、学风对每一个同学都会产生巨大的潜移默化的影响。即使是一些比较散漫的同学,一旦进入一个班风良好、学风严谨的班集体,也会不自觉地向表现好的同学看齐,自觉约束自己的言行,而不愿被伙伴看作异类而遭冷落、排斥。人是合群的动物,社会性是人的根本属性。良好的班级文化可以使班级学生的个体目标和班集体目标一致,形成教育合力,产生强大的凝聚力。同时,良好的班级文化也可以使学生在和谐的氛围和良好的人际交往环境中得到鞭策和鼓励,促使每个学生在集体中健康成长。

(二)内容的统整性和动态性

班级文化具体体现在班级日常的学习和活动中,是以整体的形式体现出来的,从而形成一个独特的系统。第一,班级文化来源丰富,有来自

① 顾明远.论学校文化建设[J].西南师范大学学报:人文社会科学版,2006(5).

社会文化的影响，有来自学校文化的影响，有来自学生家庭文化（通过学生个体反映到班级）的影响，还有教师群体、个体文化的影响以及学生群体文化的影响等。在班级整合功能的作用下，班级文化对来自社会、学校、家庭等各方面文化进行有机整合（并非由多方面文化的直接拼凑而成），从而形成自己独特的文化体系。具有不同家庭文化背景的学生在和教师、同伴的交往中，师生之间和生生之间的文化差异会产生矛盾与冲突，在教师的引导下，学生逐步领悟达成共识与融合，形成班级文化。在这种师生文化、生生文化不断冲突与融合的过程中，班级文化发挥了教育学生的功能。第二，班级文化具有多元性，由于班级文化来源丰富，途径多种多样，决定了这些文化对学生影响的多元化倾向，其中既有积极文化，也有消极文化；既有主流文化，也有非主流文化；既有物质文化，也有精神文化。这就必然会对学生产生各种各样的影响，特别是现代社会，各种信息传播很快，学校班级也更加开放，班级成为一个微型的社会，学生所受到的影响更加复杂，呈现出多层次、多元化的特点。第三，班级文化具有丰富的内涵，这表现在班级文化是由两个层面的多个要素共同组成的。总之，班级文化是以整体的形式出现的。因此，班级文化具有统整性。

班级文化是不断变化的，是一个动态的、渐进的、发展变化的过程。第一，班级文化是在班级成员的活动和交往过程中逐渐发展和丰富起来的，是一个不断积累和不断完善的过程。这是一个动态的发展过程，所以班级文化总是会产生新的变化、新的内涵。第二，班级文化与学校文化、社区文化有很密切的联系，社会的文化潮流、人们的价值取向、道德观念、行为模式的变化也会反映到班级中来，构成班级文化的新特点。第三，作为班级文化主体的班级成员，其个人的价值观、生活态度、思维方式和行为方式也受到很多因素的影响，特别是受互联网上各种流行文化的影响，班级个体文化更加多姿多彩、更加具有个性，使班级文化的动态性特点更加突出。

（三）作用的潜隐性和广泛性

班级文化既具有显性的特征，又具有潜隐的特点，其对人的影响具有广泛性。班级文化对学生德性价值观的影响并非通过正面灌输，它创造一种无形的陶冶学生心灵的外在压力，它无时不有、无处不在，其影响具有广泛性。这其实是社会心理学中的群体压力的体现，即群体成员必然受到成文或不成文的群体规范的制约，以修正自己与群体的关系，达到个体与群体的和谐统一。苏联教育家苏霍姆林斯基在《帕夫雷什中学》中认为，"用环境、用学生创造的周围情景，用丰富的集体精神生活的一切东西进行教育，这是教育过程中的一个微妙的领域。"①班级文化就是这样一种力量，它不是通过强制性的教育手段，而是通过环境、氛围、舆论、风气等，在耳濡目染、潜移默化中使学生受到陶冶、感染和影响。它的影响方式主要是熏陶与渗透，并极具穿透力。第一，班级文化主要以精神形态出现，潜藏在班级成员的思想意识、行为习惯、班风、舆论以及班级成员的人格中，通过班级学生的言行、交往等判断班级文化发展水平和发展方向，以及班级文化对班级学生的影响力。第二，班级文化对学生的影响是潜移默化的，班级学生在班级环境中受到感染和同化，形成一定的认知、情感体验及行为方式，这些主要也是在非自觉的、无意识的过程中实现的。

（四）继承的选择性与创造性

班级是传递文化的专门场所，但是它不是无选择地传递人类所有的文化遗产。班级文化按照国家对人才的要求、班级学生现实状况以及学生成长的规律等，选择人类文化的精华，去其糟粕，经过一定的改造，以适合班级学生的方式传递给学生。班级中作为教育内容的文化不但以学科课程为载体组织起来，更是要根据教育目标和课程标准、根据学生的认知规律加以选择和编制。

文化教育学派的代表人物斯普朗格（Eduard Spranger）认为，"教育也是一种文化活动，这种文化活动指向不断发展着的主体的个性生命生成，它的最终目的，是把既有的客观精神（文化）的真正富有价值的内涵分娩于主体之中。"②教育是文化的一种形式，是一种使人由自然人成为社会

---

① ［苏］B. A. 苏霍姆林斯基. 帕夫雷什中学［M］. 赵玮，等，译. 北京：教育科学出版社，1983：105.

② 邹进. 现代德国文化教育学［M］. 太原：山西教育出版社，1992：102.

人的社会实践活动。班级是按照未来社会的发展要求,对学生进行系统的培养和训练的场所,使学生成为社会人。教育的本体意义就是加快人的社会化,促进人的全面发展,就是浓缩人类的文化过程,不仅传播、复制现有的社会先进文化和知识,而且更高的追求是加工、改造和创新"像哲学和艺术一样"的文化,将学生引向深奥高远之境,为未来社会造就既有文化又掌握专门知识的人才。由此,班级总是创新知识、文化的发源地。创新是班级文化的本质特征。

(五)风格的独特性和个性化

班级文化是班级师生在教育实践中创造的,因此每个班级的文化都不可能相同,班级文化具有独特性和个性。这种个性就体现在班级的特色上。通常人们对班级特色有一种误解,认为特色就是特长班,或者认为组织一些有特长的小组团队就是班级文化特色。其实,班级特色就在于班级的文化建设上。由于各班的历史不同、区域地理和文化环境不同、班主任的教育理念不同、教师和学生群体不同,各班文化也会有自己的独特性和个性。

第三节　班级文化的结构

由于班级文化对于班级学生、班级发展具有重要意义,因此受到中小学的重视。班级文化具有什么样的功能,导致它对于班级发展具有如此重要的意义?首先要分析班级文化的结构,结构决定功能。美国文化学者克莱德·克鲁克洪(Clyde Kluckhohn)指出:"文化不仅有其内容而且有其结构这一事实,现已获得普遍的认识。"①作为社会亚文化的班级文化也同样不仅有内容而且有结构。那么,班级文化具有怎样的结构?划分哪几个层次?

① [美]克莱德·克鲁克洪,等. 文化与个人[M]. 高佳,等,译. 杭州:浙江人民出版社,1986:4.

一、班级文化结构体系的认识

文化有多种分类方式，如二分法、三分法、四分法。二分法指显性（物质）文化和隐性（精神）文化；三分法指物质文化、制度文化、精神文化；四分法则是在三分法的三个层面之后再加上行为文化。

（一）二分法：显性（物质）文化和隐性（精神）文化

将班级文化分成两个层面：一部分是直接可以观察到的文化，称之为显性文化，或称之为物质文化；另一部分是隐藏的不可见的文化，称之为隐性文化，或精神文化。显性文化包括班级教室的布置、班级的标识符号、班级的规章制度、班级的组织结构、班级的组织行为模式以及其他可以见到的具有文化意蕴的客观物质存在。隐性文化包括班级的价值取向、班级精神以及在日常行为中的约定俗成的文化（如学风）。

显性文化是隐形文化的物质载体，是隐性文化的外在表现；而隐性文化是显性文化的基石，是显性文化的灵魂。那些具有深厚的文化底蕴的显性物质文化会长时间地保存下来，那些没有隐性精神文化支撑的显性物质文化难以持久。显性物质文化的建设见效快、易评价；隐性精神文化难把握、难控制。一些教育者急于求成、追求功利，注重班级显性物质文化的建设，漠视班级隐性精神文化的建设。如何把握好显性文化和隐性文化的关系，事关班级的长远发展。

（二）三分法：物质文化、制度文化、精神文化

将班级文化分成三个层次：深层是班级精神文化，包括班级的教育理念、价值观念等；中层是制度层，包括规范和约束班级成员日常行为和态度的规则制度等；最外层是器物层，包括教室环境布置等各种物质材料。三个层次之间相互渗透、相互联系，有机构成了班级文化。①

深层班级精神文化，是班级发展中的共同认同和享有的班级价值追求与教育理念的集合体，是对班级发展根本问题的态度与立场，是班级自

① 俞清臣，卢元楷．学校文化学［M］．北京：北京师范大学出版社，2010：18－19.

主建构起来的班级教育哲学。班级精神文化具体指班级教育理念、班级精神、价值追求、文化氛围等,是班级建立与发展的基石与纲领,是班级文化建设的方向与目标,它贯穿班级建立和发展的始终,而班级核心价值观是精神文化的核心。

中层班级制度文化,是约束班级人际交往和思想品德态度的规章制度,以及班级成员模式化的人际交往方式。如班级学生道德行为准则、学习生活制度、娱乐活动规定、班主任行为规范等。班级制度文化是班级意志的体现,是班级成员的基本行为准则和规范。完善的班级规章制度和严明的组织纪律是班级组织高效运行的制度保障。班级如果没有基本的制度保障,班级就会没有秩序,效率低下,学生易形成散漫懒惰和享乐主义的行为态度。

表层班级物质文化,是占据班级教室空间的有形实体文化形态,满足班级主体实用需要并蕴含着特定的价值追求、教育理念和审美旨趣的物质文化形态,是班级文化存在和发展的基本物质基础和保障,也是班级文化的物质载体。它包括班级进行教学和管理等活动所需要的物质设施和班级环境。但是班级物质文化并不是泛指班级内的一切物质资料,而是特指具有文化意义的物质设施,如班级教室橱窗、板报等。

班级物质文化是班级核心层精神文化的外化,折射出班级所特有的价值追求和文化底蕴,形成一个班级所特有的精神面貌,进而积淀为班级特有的风格,他们不仅起到点缀班容和美化班级的作用,同时也以其有形的物质形态陶冶与激励着班级学生。

(三)四分法:物质文化、行为文化、制度文化、精神文化

将班级文化分成四个层次:核心层的班级精神文化、中层的班级制度文化、浅层的班级行为文化、表层的班级物质文化。四分法在三分法的基础上,再分解出一层,即浅层的班级行为文化。班级行为文化是在班级长期发展过程中形成的,并通过班级主体的活动而展示出来的文化形态的总和。它指师生在班级学习和生活活动中表现出的精神状态、行为操守和文化品位等,它是班级班风、精神状态和价值取向的动态体现,它是反映班级精神、价值观等班级深层文化的“窗口”,也是教育教学评估的重

要指标。

此外,有学者认为,"班级文化的结构是由两个层面的多个要素构成的动态系统。一是显性层面的班级文化,它包括三个要素,即班级物质文化、班级制度文化和班级行为文化;二是隐性层面的班级文化,它包括两个要素,即班级观念文化和班级心理文化。"①这两个层面的文化及其要素互相影响、互相制约,共同构成班级文化的整体,深刻地影响班级学生的身心发展,制约着班级学生的社会化。②

上述三种班级结构层级的划分,都区分出班级的物质(显性)文化和精神(隐性)文化两个领域,可以比较全面地涵盖班级文化。但二分法过于笼统,四分法是近年来学者们提出的划分方法。三分法较为详细,更容易为人们所接受,也是关于班级文化结构层次最为普遍的观点。以下将就三分法建构班级文化的结构体系。

二、班级文化的结构体系

从深层到表面,从抽象到具体,班级文化可以分为三个层面:一是深层班级精神文化,包括班级的价值观念、班级精神等,是教育活动的理性认识。班级价值观是精神文化的核心。二是中层班级制度文化,是以班级模式化的人际交往方式和规章制度为主要内容的文化形态,规定着一切教育活动的行为标准。它是班级文化的保障。三是表层班级物质文化,是以教室环境、班级文化标识为主要内容的文化形态。它是班级文化的载体。班级文化各个要素之间存在着有机的联系,从班级精神文化、制度文化、物质文化等三个方面,可以构建班级文化的整体框架结构。(见图1-1)

① 赵爱民. 中学班级文化建设内容与方式初探[D]. 北京:首都师范大学,2004.

② 林冬桂. 论班级文化的功能及建设[J]. 教育导刊,2000(11).

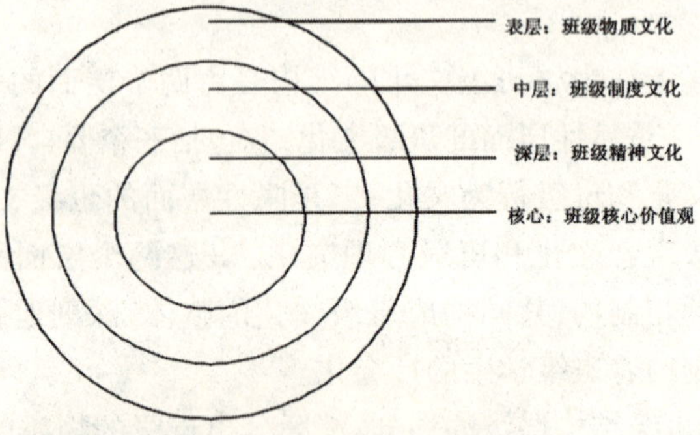

图 1-1　班级文化结构体系图

三、班级文化结构体系的基本特征①

（一）价值观的核心性

以人的价值观为核心的文化观念的变革决定了人的活动及其方式的变革。主体性的价值生成，是个体和群体文化的精神与基础。从传统的经验结构到现代的理性结构，人的文化实现了自觉和反思。在传统的经验结构模式中，绝大多数个体都是按常识、经验、惯例、习俗而自发生存。进入理性时代，人类的文化具有科技、理性自觉，形成了主体性的价值观。价值观是团体文化的核心，正因为如此，有的学者将文化定义为“使团体紧密相连的共有信仰和价值观”②。班级价值观是关于班级发展的价值观念、看法和态度，班级文化的各个层面都统一于班级价值观。价值观决定精神文化，并通过精神文化系统决定着班级物质文化和标识系统。班级组织是班级存在的基本形式，从常识、经验、惯例、习俗式文化基因，上升为理性自觉的人本精神，让班级价值观和精神风貌发生根本性的变化，并使之成为班级成员的基本的生存方式和本质规定。其目的是通过统一的价值观，为班级群体复杂交往活动提供了共同的标准和调解手段，去衡量、评价、判定各种班级活动的价值，促进班级有序发展。统一的共同拥

① 张宝贵.学校文化的系统结构解析[J].河北师范大学学报：教育科学版，2010(9).

② [美]特伦斯·E·迪尔，肯特·D·彼得森.校长在塑造学校文化中的角色[M].王亦兵，译.北京：中国青年出版社，2006：13.

有的班级价值观一旦形成，就会成为班级师生的精神支柱，对班级组织的建立、维系、发展具有强大的感召力和凝聚作用。无数事实证明，班级的发展与否取决于价值观的创新与否。因为价值观是班级全体成员审视各种班级活动的共同标准和尺度，是衡量和评判班级精神文化、制度文化、物质文化的理论前提和哲学依据。

（二）班级文化要素的层次性

在班级文化体系中，班级文化要素具有层次性，相对深层的班级精神文化要素变革是表层物质文化发展的前提和保证；相对表层的物质文化要素变革需要深层精神文化的认同和支撑。例如，班级制度作为班级管理的手段和方式，班级管理效用与人的发展产生矛盾，成为“管理的两难困境”①。一方面，班级制度要保证人的自由发展；而另一方面，班级制度强调班级成员行为的组织性和一致性，从而束缚个人的发展。班级精神文化需要为班级管理的效用和人的发展的统一提供保证。班级制度不仅要保证班级管理效率和效益，同时应保障个体主体权益公平，体现班级精神文化。同样，班级行为规范的执行也应体现班级精神文化。班级不仅要注重培养学生思想品德，而且要将德性的培养落实到日常行为规范的养成教育中。一些班级制定的规范和管理制度得不到贯彻和落实，究其根本原因，是由于这些规范和管理制度没有在班级精神文化的理性层面得到大家的认同。班级文化各个要素的有机联系还表现在班级表层文化都是对以价值观为核心的班级精神文化的反映。班级是群体组织的形式，是基于统一的价值观去追求和实现相同的理想和目标的文化组织。作为班级标志性的视觉识别文化系统的班级标识，本质上是与班级价值观为核心的精神文化同构对应的。班训、班徽、班歌、班服等设计，要与班级文化协调统一，才能充分发挥物质和标识系统的象征意义和教育指导作用。

---

① ［加］克里斯托弗·霍金森. 领导哲学［M］. 刘林平，等，译. 昆明：云南人民出版社，1987：3.

(三)对班级发展的规定性

班级文化在为班级发展提供动力的同时也规定着班级的发展。在班级管理发展战略方面,班级文化中以价值观为核心的班级精神、教育理念等,决定着班级的发展。因为无论是班级发展方向的选择还是战略目标的制定,都是班级文化的具体体现,其深层意识和潜意识是班级价值观的表现。班级价值观是对班级活动价值的思考,是班级师生奋斗的动力。愿景是班级长期奋斗的理想目标,其立足点是班级价值观的创新。不同班级的价值观可能不同,但立足点都是教师和学生的发展。班级愿景是全班师生建设班级的意图或概念,是指导班级发展战略的基本原则。班级愿景规划一旦确定,下一阶段就要确定战略目标与战略方案,而这些战略目标和战略方案始终是以班级愿景为核心导向的。以价值观为核心的班级精神文化以及战略目标和战略方案的确立,规定、制约着班级的发展。

第四节　班级文化的功能

班级文化作为一种教育机构的文化,既具有一般文化所具有的凝聚功能、激励功能、导向功能、规范功能、同化功能,还具有特殊的教育功能。

一、班级文化的基本功能

(一)凝聚功能

班级文化的凝聚功能主要表现在以下几方面:首先,班级文化通过培育班级的认同感、责任感、归属感,调动和发挥学生的主体性,提供更多的自主空间,更好地发挥不同学生的特色与优势,具有强烈的向心力。班级文化是班级全体成员创造的团体文化,体现班级成员共同的心理意识、价值观和理想追求,体现了班级成员的个人利益和班集体的前途命运,从而激发班级成员对班级的认同感、使命感、自豪感和归属感,形成强烈的集体意识、向心力和凝聚力。这种集体意识、向心力、凝聚力是衡量班级文化建设水平的重要标准。其次，班级作为一种正式组织，本身固有一种内聚力，这种内聚力主要通过班级文化来维系，表现为学生在学习上积极进取，在生活上友爱互助，在行动上协同一致，这体现了班级文化的凝聚功能。①

（二）激励功能

优秀的班级文化具有明确的班级愿景，班级环境舒适，师生关系、生生关系和谐，生活朝气蓬勃，会激励师生开拓进取、追求卓越，努力把班级的各项任务都出色完成。在这种良好的文化氛围中，责任感、荣誉感驱使师生努力地教和学，不断创造新的成绩和辉煌。班级文化的激励功能具体表现在以下几方面：首先，和谐的班级文化可以增进班级成员之间的信任，加深他们之间的沟通与了解，促进他们分享知识与交流感情。不和谐的班级文化不仅不利于班级成员之间显性知识的共享，而且更不利于内隐于个体与组织内部的隐性知识的共享。其次，班级文化能为每个班级成员提供文化享受和文化创造的空间，提供文化活动的背景以及必要的活动设施，充分调动学生参与班级活动的主动性、积极性和创造性，促使他们发展潜能、增长才干、张扬个性、完善人格。

（三）规范功能

班级文化形成一整套规范体系，主要表现为制度规范、观念规范、环境规范，制约着学生的言行。具体表现为：第一，观念制约，即通过班级价值观、班级愿景等制约学生的言行。第二，制度制约，即通过班级规章制度、班级纪律、学生守则等制约学生的言行。第三，环境制约，即通过班级环境氛围、人际关系、班风学风等制约着班级学生的言行。班级规范具有强大的制约力，约束班级成员，让他们的言行符合班级规范。

首先，班级文化建设中的重要内容是制度建设。在学校教育教学活动中，师生共同总结、提炼、制定班级制度，这些制度反映了师生的意愿，为师生共同认可。学生从被动遵守到主动遵守班级制度，从他律到自律，逐步提高了对班级制度以及“法”和“理”的认识水平，养成了遵纪守法、

① 陈国良.高校构建班级文化的思考[J].教学与管理，2007(4).

严于律己的品质。其次,班级文化通过环境氛围、人际关系、班风、学风对班级成员的行为和思想产生规范和约束作用,这种规范与约束作用是班级文化核心价值观对班级成员的心理所形成的心理定式。在班级日常教育教学活动中,学生受到舆论、班风等良好的班级环境氛围的影响,会自觉遵从班级文化的价值取向和行为准则。最后,班级文化是班级成员价值取向的反映,为班级大多数成员所认同,对班级成员的言行具有一定的调节和约束作用,成为学生评价班级成员的标准。随着班级文化建设的深入,这种观念及评价标准的影响更加深入。总之,班级文化对班级成员的学校学习与交往行为,乃至学生在今后的社会生活中对各种问题的价值倾向、行为方式等都会产生深刻的影响。

(四)同化功能

同化功能是指通过班级成员之间的从众、感染、服从、模仿、暗示和认同等心理效应,班级文化对班级师生具有同化其价值观念和行为方式的功能,这是班级正向功能的重要体现。班级文化的同化功能具体表现在以下几方面:首先,班级文化通过班级成员良好的精神风貌来塑造班级的外部形象,这种良好的班级外部形象会对班级成员产生强烈的"正外部效应",有利于树立班级新风尚,推动整个班级文化的新发展。其次,良好的班级文化对于学生的生理与心理健康具有积极的影响。在和谐的班级环境氛围中和良好的师生、生生交往过程中,学生强化了道德认同感,增强了班集体的凝聚力。最后,当班级学生群体亚文化发生冲突时,班级文化能够整合学生群体亚文化,使不同价值观的群体亚文化融合并达成共识,丰富班级文化内涵。同时,化解学生群体亚文化冲突可以使班级组织内部紧张的关系得到缓解,促进班级和谐。

二、班级文化特殊的教育功能①

班级是面对面培养人的初级群体,班级文化建设是以育人为根本宗旨的。在班级学生面对面交往过程中,班级文化潜移默化地促进个体社

① 谭英海.略论班级文化及其对学生发展的作用[J].当代教育科学,2003(10).

会性、个性和身心健康和谐发展。

(一)班级文化促进学生社会化的教育功能

健康的班级文化在教育教学过程中,以班级发展目标为导向,以班级环境、班级制度规范、班风和学风等为载体,使学生习得社会经验、学习目标、社会规范、角色意识等,促使学生从自然人发展成社会人。具体体现为:

1. 班级文化促进学生价值观念的社会化

班级文化代表着一定社会的要求,传播社会中的主流文化和价值观念。文化教育学的代表人物狄尔泰在《关于普遍妥当的教育学的可能》中认为,教育的过程是一种历史文化过程,教育的目的就是将个体的主观世界引导向博大的客观文化世界,主要通过"陶冶"和"唤醒"的途径,培养完整的人格。

班级文化建设通过班级环境、班级制度规范、班风学风等,潜移默化地"陶冶"和"唤醒"学生,使学生形成正确的世界观、人生观、价值观、审美观,引导学生将个人的需要、兴趣、愿望升华为符合社会期望的学习目标、生活理想、职业理想,正确处理个人目标、班集体目标与社会目标的关系,把个体的精神生命与社会生命统一起来。正如杜威所说,如果从儿童身上舍去社会的因素,我们便只剩下一个抽象的东西;如果我们从社会方面舍去个人的因素,我们便只剩下一个死板的,没有生命力的集体。因此,教育必须从心理学方面探索学生的能力、兴趣与习惯开始,这些能力、兴趣与习惯必须不断地加以阐明——我们必须明白它们的意义是什么,必须用和它们相对应的社会术语来加以解释——用它们在社会中能够做些什么的用语来加以解释。

2. 班级文化促进学生行为的社会化

《教育——财富蕴藏其中》一书认为:"学会共同生活,学会与他人一起生活,这种学习可能是今日教育中的重大问题之一。"[①]首先,人是社会性动物,人的交往行为要符合所属群体或社会的要求。班级规范是班级

---

① [法]德洛尔·雅克.教育——财富蕴藏其中[M].联合国教科文组织中文科,译.北京:教育科学出版社,1996:82.

制度文化的主要内容，在班级学习活动、日学生活和交往中，必然形成相应的班级规范。如显性的班级规章制度、班级纪律、学生守则，隐性的班级舆论、班风、学风，以及师生言谈举止、礼仪习惯等行为方式，都扮演着传递班级规范的角色，对学生具有一种同化力和约束力，使生活在其中的学生潜移默化地受到影响和熏陶，这对于培养学生的行为方式及态度，具有重要作用。其次，通过班级共同的奋斗目标的设计、班级文化活动的开展，传授合作交往和避免冲突的方法，使学生学会尊重他人、理解和宽容他人。最后，班集体的目标、规范和人际关系对每个学生提出了明确的角色期望，学生学习的态度与成绩、同伴交往能力等决定了他们在班级人际关系中的角色地位。在班级教学过程中的师生交往和生生交往，以及集体生活中的多种多样的教育情境，为学生的角色意识和角色交往能力，提供了锻炼的机会和条件。

3. 班级文化促进学生掌握基础知识和基本技能

英国教育家斯宾塞认为，为我们的生活做准备是教育应尽的职责。这要求教育必须教人学会生存，着眼于社会生产和生活对人的知识与技能的要求。《教育——财富蕴藏其中》提出，“希望通过学习来争取生存权利与提高生活质量已成为人们对教育的追求。因此，应培养人的生存能力并将其作为当代教育的基本宗旨。”[①]班级教学的规范性、系统性、简约性，是学生学习社会经验、获取文化科学知识和技能的独特条件。健康的班级文化能够使这些特性得以更充分的发挥，帮助教师更有效地提高课堂教学效率，将人类社会长期积累的文化科学知识传递给学生，使他们获得社会生产和生活的经验和技能，并养成良好的智力品质和学习能力，为接受终生教育和进一步发展社会能力奠定基础。

（二）班级文化促进学生身心发展的教育功能

1. 班级文化促进学生情感发展的功能

班级文化的重要特征体现为班级团体对学生个体的影响。学生在班

① ［法］德洛尔·雅克. 教育——财富蕴藏其中［M］. 联合国教科文组织中文科，译. 北京：教育科学出版社，1996：82.

级组织中通过教师与学生之间、学生与学生之间的相互示范作用和潜移默化的相互熏陶，解决团体要求与个人需求之间以及学生之间存在的矛盾，履行团体要求的责任和义务，获得丰富的情感体验等，使学生个体在身心上获得全面而系统的发展。健康的班级文化环境能够帮助学生形成积极的心态，使他们能够以积极乐观的态度去关心和对待自己、他人与社会。健康的班级文化能形成班级凝聚力，协调班级成员的人际关系，形成团结友善、健康向上的氛围，从而使学生的友情、亲和感、共鸣感、优越感、荣誉感、正义感、自豪感、成就感等积极的个体情感不断产生和深化。

2. 班级文化促进学生心理健康发展的功能

首先，班级成员会对班级产生各种心理需求，如安全的需求、归属的需求等基本需求，以及自我实现等高级需求。良好的班级文化能提供满足班级成员心理需求的途径。其次，良好的班级文化能矫正、完善学生的人格。在班级日常交往中，特别是在班级群体活动中，当群体的要求与个体的需求相冲突时，学生存在的问题就会显现出来，如社会交往技能、情绪控制、利己主义、自我中心主义等。优良的班级文化可以矫正、完善学生存在的缺陷。例如，民主团结的班级气氛可以改变学生自我中心的心理倾向；纪律严明的班级氛围和集体的监督约束可以帮助自我控制能力弱的学生逐步形成自律意识。

3. 班级文化促进学生个性充分发展的功能

学生个性的形成与发展的核心是学生的自主性、独特性和创造性。首先，班级文化能促进个体的充分发展，形成个体的独特性。学生的独特性表现在学生的个性心理上，如爱好、兴趣、能力、气质、性格、理想、信念、世界观等。先天的遗传素质和后天的环境影响的不同，可能会造成学生不同的发展结果。班级文化的形成与发展是基于班级成员的状况、在班级文化实践活动中逐步形成的。因此，班级文化能够尊重个体的差异，因材施教，帮助不同的学生充分开发其内在潜能，形成自己的优势和特长。其次，班级文化能促进学生主体意识的形成和主体能力的发展，即自主性的发展。班级成员是班级文化建设的主体，在班级文化建设过程中，通过学生的主体参与，学生的主体意识和主体能力得到发展。最后，班级文化的建设需根据本班班情，创造性地规划实施，能够促进学生创造性的发展。

小　结

班级文化研究的兴起是由于教育实践的推动和需要,它是伴随着学校文化研究的兴起而产生的。班级文化是指班级发展过程中形成的独特的班级生活方式,具体表现为班级群体成员共享的理想信念、价值取向、思维方式、行为方式及其物质表现形式。班级文化建设对于推进和提升素质教育、学校文化建设、班级管理具有重要的意义。班级文化具有几方面特征:教育的鲜明性和导向性,内容的统整性和动态性,作用的潜隐性和广泛性,继承的选择性与创造性,风格的独特性和个性化。

班级文化的结构可分为三个层面:一是深层精神文化系统,包括班级的价值观念、班级精神等,是教育活动的理性认识。二是中层制度文化系统,是以班级模式化的人际交往方式和规章制度为主要内容的文化形态,它规定着一切教育活动的行为标准,是班级文化的保障。三是表层物质文化系统,它是以教室环境为主要内容的文化形态,是班级文化的载体。班级价值观是班级文化的核心,班级文化要素具有层次性,班级文化对班级发展具有规定性。班级文化既具有一般文化所具有的凝聚、激励、导向、规范、同化功能,还具有特殊的教育功能。

思考题:

一、名词解释:

文化　班级文化

二、简答题:

1. 简述班级文化的特征。

2. 简述班级文化的功能。

三、论述题:

以某中小学某班为例,分析该班班级文化的结构层次。

参考文献:

[1]李学农. 中学班级文化建设[M]. 南京:南京师范大学出版

社,1999.

[2][日]片冈德雄.班级社会学[M].贺晓星,译.北京:北京教育出版社,1993.

[3][苏]B.A.苏霍姆林斯基.帕夫雷什中学[M].赵玮,等,译.北京:教育科学出版社,1983.

[4]鲁洁.教育社会学[M].北京:人民教育出版社,1990.

[5]吴康宁.教育社会学[M].北京:人民教育出版社,1990.

[6]谢维和.教育活动的社会学分析:一种教育社会学的研究视角[M].北京:教育科学出版社,2000.

[7]钟启泉.班级管理论[M].上海:上海教育出版社,2007.

[8]俞清臣,卢元楷.学校文化学[M].北京:北京师范大学出版社,2010.

[9]叶澜.世纪之交中国学校教育文化使命之思考[J].教育改革,1996(4).

[10]叶澜.实现转型:新世纪初中国学校变革的走向[J].探索与争鸣,2002(7).

[11]毛景焕.班级作为一个共同体:成员的相互平等和资源共享[J].教育研究与实验,2003(2).

[12]白芸."多元智能"视野中的班级文化建设[J].中小学管理,2002(11).

[13]顾明远.论学校文化建设[J].西南师范大学学报:人文社会科学版,2006(9).

[14]卫道治,沈煜峰.人·关系·文化——教育社会学观略[M].长沙:湖南教育出版社,1988.

[15]江光荣.班级社会生态环境研究[M].武汉:华中师范大学出版社,2002.

[16]吴立德.班级社会学概论[M].成都:四川大学出版社,1996.

[17]葛金国,石中英.对校园文化基本功能的再认识[J].教育评论,1990(5).

第二章　班级精神文化建设

北京广渠门中学:从爱心励志符号到成功教育模式①

北京市广渠门中学于1995年9月1日在全国率先创办专门招收城市中品学兼优、生活贫困学生的免费高中班——宏志班,先后招收了十五届近千名学生在宏志班就读。根据时任校长李金海确定的"宏图寄党恩、志远为国强"的理念,被命名为"宏志班"。宏志班的办学宗旨是培养爱国爱党、正直善良、有志气、有作为的劳动者,培养社会主义事业合格的建设者和接班人。走进北京广渠门中学的大厅,墙上两行鲜红的大字映入眼帘:"特别有礼貌,特别守纪律,特别能吃苦,特别能忍耐,特别有志气,特别有作为。"这六个"特别"是宏志班班训,被大家誉为"宏志精神",宏志班的学生用自己的实际行动实现着"宏图寄党恩、志远为国强"的誓言。

现任校长吴甡说:"在新的历史背景下,我们将努力把宏志班和宏志精神建设成为一种宏志文化,融入到社会主义先进文化的潮流中,作为一种精神财富保留下来发扬下去,让中华民族的精神底蕴更加丰满而现代。"首届宏志班毕业生高岭说:"宏志精神的作用是潜移默化的,它引导我形成了自立自强、不甘服输的性格和习惯,无论面对怎样的艰难困苦,我都无所畏惧、勇敢面对,这种精神是我一生的财富。"宏志班毕业生刘明说,即使在工作之后,这则班训也是最好的鞭策,他从宏志班获得了三

① 此文根据新华社记者万一于2008年9月1日晨新华网发布的《从爱心励志符号到成功教育模式——北京广渠门中学宏志班采访手记》改编而成。

笔财富：感恩之心、吃苦精神、踏实做人。宏志班的毕业生都有一些优秀的品质：对党和国家的深厚情感，强烈的自强自立意识，艰苦朴素的生活作风，刻苦学习、拼搏进取的学风，知恩图报、团结互助、友善待人的精神等。十三年来，宏志班让一批批品学兼优、生活贫困的学子顺利起航，宏志班从一个温暖的爱心励志符号，成为一种成功的教育模式。

宏志精神成为学生的终身财富，承载着社会、家长、教师对学生们的期望，起到了对宏志班学生的精神引领作用。不仅在校时引导学生形成良好的习惯和品行，而且这种精神文化一直持久地影响其以后的人生，引导他们做人做事。宏志班前十一届学生高中毕业全部考入大学，百分之八十八的学生进入全国重点大学学习。宏志班作为青少年学生中的优秀群体，以良好的素质和优秀的表现，得到各方面的好评，先后被评为市、区优秀班集体。中央宣传部、中央文明办、教育部在 2002 年联合通知中指出，宏志班的创立是“三个代表”重要思想的生动实践，进一步密切了党和政府与人民群众的关系，为贫困学子铺筑了成才之路。

第一节　班级精神文化概述

班级精神文化是班级在教育教学过程中，受一定社会文化背景影响长期形成的文化观念，它是更深层次的文化，在班级文化中处于核心地位。

一、班级精神文化的概念

如前所述，班级文化是一个多层面、多因素的复杂系统，班级文化的结构要素有多种划分的方法，在不同的划分方法中班级精神文化的内涵和外延也有所不同。有学者认为，精神文化包括制度文化和认识文化，班级认识文化是指班级成员的价值观念和精神风貌，包括班风、学风、师生和生生关系，它是班级精神文化的核心和灵魂。[①] 有学者认为，班级精神

① 孙艳霞，秦景润．班级文化育人作用初探[J]．教学与管理，2004(2)．

文化是指班级文化的观念部分，主要表现为班级风气，即班风。具体包括班级的理想、信念、心理认知、价值取向、情感意志和班级舆论、学习态度，以及为班级成员所认同的文化意识和思想。班级精神文化以“隐性课程”的方式，无形地、却又无处不在地对学生的价值观和行为方式产生重要的影响。① 有学者认为，精神文化以班风和学风为主要内容，它包括个体和群体的所有精神活动及其成果，是以意识、观念、心理等形态而存在的文化，其实质是班级共有价值观的体现。②

关于班级文化结构体系划分方法中，最为普遍的看法是将班级文化分为物质文化、制度文化和精神文化。基于班级文化结构的基本共识，我们认为，班级精神文化是指在班级发展过程中，师生共同认同的教育思想、共同享有的教育观念，以及教育价值追求，是对班级发展根本问题的看法，是班级师生共同建构的班级教育哲学，是班级文化的核心。它贯穿于班级建立和发展的始终，是一个班级的本质、个性和精神面貌的集中反映，是班级文化中深层的隐性的文化。

班级精神文化不仅包括人们的观念，提炼后形成的班训、班徽、班歌等符号标识系统，还包括班风，甚至包括由此而形成的班级的性格特色。它们围绕着班级核心价值观形成一个庞大而复杂的集合体，物质的与精神的，具体的与抽象的，有意识的与无意识的……以上要素需有机地结合在一起，而不是机械地堆砌，才能形成班级精神文化。核心价值观是班级精神文化的核心。班训、班徽、班歌是班级精神文化的外在表现，但班级精神文化不等于班训、班歌、班徽等。它们借助于语言文字符号把班级精神文化高度概括并艺术化地表现出来，是班级对外宣传的方式。班级特色是在班级精神文化指导下形成的，鲜明的班级特色是班级精神文化建设的创举，但是班级精神文化既包括班级特色，也包括很多班级共同秉承的特性，它们都是班级文化不可或缺的组成部分。

二、班级精神文化的结构

班级精神文化是在班级核心价值观指导下，一是以外显的符号标识

① 王家云. 班级管理优化与良好班级文化培育[J]. 江苏教育研究，2009(2A).

② 黄正平. 文化建设：班主任专业化的灵魂[J]. 中小学教师培训，2007(6).

系统体现，如班训、班徽、班歌等，班训是班级文化的集中体现；二是体现在班级的奋斗目标和班级愿景中，班级愿景是班级目标的具体化；三是体现在班级舆论、班风、人际关系中，班风是班级精神文化的灵魂。

（一）核心：班级核心价值观

《辞海》把“价值观”定义为“价值的一定信念、倾向、主张和态度的系统观点”。国内哲学界关于“价值观”比较权威的解释是：“价值观是人们在社会生活实践中形成的关于价值的总观点、总看法，是人们的价值信念、信仰、理想、标准和具体价值取向的综合体系。价值观作为人们关于事物是否具有价值、具有什么价值的根本看法，是人们区分好坏、利弊、得失、善恶、美丑、正义与非正义、神圣与世俗的观念，是人们特有的关于应该做什么和禁止做什么的约束性规范。”[①]班级核心价值观是关于班级核心价值和基础价值的一整套看法或观念，是从多样化的班级价值观中抽取的带有基础性的或能够为不同价值主体共同选择的价值目标。它是班级精神文化的核心。

班级核心价值观是班级成员对班级精神、班级发展方向、奋斗目标等基本问题的理解与选择，是引导班级日常运作和组织发展的基石和核心。班级核心价值观是班级组织群体的核心价值取向，并不是某一个体或某一类群体的价值观，是对班级所有成员行为的期待、要求和规范。班级核心价值观并不是班级目标的一部分，而是实现班级诸多目标必须遵循的基本价值原则。这正是核心价值观的“核心”的意义。它能够把其他的各种不同的价值观凝聚在自己周围，并对它们协调、整合和引导。核心价值观既约束从属价值观，又为其提供依据和方向，从而维持价值体系的稳定和统一，使班级得以在一个统一的价值观念体系中顺利运行。

（二）表层：班训、班徽、班歌

人们往往认为，班级精神文化是宏观的、抽象的、隐秘的，是一种难以表达的东西，而忽视了其具体的一面。班级精神文化是可以通过一系列

---

① 李景源，孙伟平．价值观和价值导向论要［J］．湖南科技大学学报：社科版，2007(4)．

班级中的具体事物表现出来的，班训、班徽、班歌将隐性的班级价值观、班级精神等抽象的意识形态，以凝练的语言或符号，表现为具体的文字符号标识系统，将班级精神融入到这一系列事物中去，再通过独特的宣传形式，使之深植在班级教师和学生的观念中，使班级师生得到真切体会。它是一种见之以形的、外显的、表层的班级精神文化形态，是班级的形象。

1. 班　训

班训是班级精神的集中体现。它是班级教育理念、价值取向、班级精神、班级成员的共同意志、班级文化的发展方向的高度概括，是班级师生共同的基本精神和追求目标。

2. 班　徽

班徽是设计者巧妙设计，以富有象征意义的图像、色彩和文字，构成具有深刻寓意的图形，表现班级的核心价值观、班级精神、班级特色以及班级发展过程中沉淀和积累起来的人文精神。

班徽是象（意象）、言（文字）、意（寓意）的结合体，被赋予了丰富的精神意蕴和文化内涵，承载班级的精神和价值取向，是班级的标志和象征。首先，班徽的“言”。中小学的班徽常用文字或拼音，将班名或班训用不同的字体排列在班徽中，拼音字母或是班名、班训的全称，或是开头字母组合在一起，文字有时是班级名中数字的变形，有的字母或文字还被赋予特定的班级精神涵义。其次，班徽的“象、意”。意象是班徽的核心部分，班徽意象的营造是为表现特定的班级精神寓意服务的。寓意寄托在意象中，通过形状、图像和颜色来表现，具有隐喻功能和象征功能。

北京大兴榆垡中学高一(3)班的班徽是“追赶太阳的奔跑者”。其设计意图和内涵是：“整个图形是一个汉字的‘三’的变体，看起来正如一个奔跑的人，这象征着三班不断进取的精神。第一横是红色，象征着我们三班高中第一年充满热情和活力，如同初升的太阳，充满了生命力，风风火火地诠释着我们的青春，留下靓丽的色彩。第二横是蓝色，象征着高中第二年应该是对人生、社会、世界、生命独立思考的阶段，更是锐意进取、厚积薄发的重要阶段。我们要成为‘领跑的人和世界公民’。第三横是金色,象征着高中第三年应该是耀眼的、绚丽的、收获的、精彩的。”这个张贴在班级醒目位置上的班徽,为班级成员诠释着班训“相信自己、超越梦想”的内涵,不断地鼓舞、提示着班级成员,也让我们感受到了班主任及所有班级成员热情、积极、乐观的精神追求。①

班徽:深圳市龙岗区实验学校七(6)班

数字“7”和“6”代表七(6)班。数字“7”和“6”又组成“X”,代表我们班同学前途不可限量,都会继续努力,再创佳绩。“X”下面是一本打开的书,表示我们班同学热爱读书,要不断从书籍中汲取知识营养,立志做“有理想、有文化、有道德、有纪律”,会学习、会创新的社会主义接班人。②

3. 班　歌

国歌是一个国家和民族的号角,班歌是一个班级的精神火炬和旗帜。班歌通过优美的旋律、和声、节奏和辞章等,表达班级师生朝气蓬勃、坚毅宽广、积极向上的情感和胸怀,它是班级师生发自肺腑、引以为豪的心声,发挥着强大的精神凝聚力和艺术魅力。③ 它是班级精神风貌的标志,它

① 李德善. 神奇的教育场——打造特色班级文化创新艺术[M]. 重庆:西南师范大学出版社. 2011:40.

② http://www.zgdyzy.cn/article/bzrgz/bjwh/200905/11735.html

③ 李名芳. 校歌,学校品牌的有声旗帜[J]. 人民音乐. 2012(1).

的思想内容体现班级精神，给班级成员以力量、勇气、责任感、荣誉感和自豪感的体验。这种体验会激励每一位成员为拥有好的班级而更加努力。班歌的创作要根据班级的具体情况而定，有条件的班级可以由班主任或学生作词作曲。没有条件的可以选择体现班级精神风貌、学生们喜欢的、积极向上的歌曲直接做班歌，也可以让学生进行适当的创编，如《真心英雄》《爱拼才会赢》《让世界充满爱》等。①

（三）中层：班级目标和班级愿景

班级价值观是班级成员对自身教育活动存在价值的思考和总结，其本身就是班级奋斗目标。班级目标是指根据实际和班级核心价值观，确立班级发展所要达到的一种理想状态和预期要达到的结果。愿景是班级长期奋斗的理想目标，其立足点是班级价值观的创新，其目的是成为独具特色的班级，回答的问题是建设什么样的班级、具有什么样的功能和达到什么样的水平。班级愿景又被称为班级“共同愿景”，它既是班级目标的具体化，也是班级成员对班级目标取得共识的结果。

（四）深层：舆论、班风、人际关系

舆论是众人的言论。班级舆论是指在班级中为班级多数成员所赞同的占优势的言论。班级舆论是班级成员观念态度的集中体现，是班级深层的精神文化。形成正确的班级舆论是班级文化建设的重要内容。班级舆论对班级师生具有约束、感染、熏陶和激励的作用，会无形地支配班级成员的行为和集体生活，是一种潜移默化的无形的教育力量，具有班级规章制度和思想教育所不可替代的功能。

人际关系一般是指在群体交往过程中，人与人之间形成的比较持久和稳定的社会关系与心理关系。班级人际关系主要是指班级成员在班级群体交往过程中所形成的比较持久和稳定的社会关系与心理关系，师生关系和生生关系是班级最基本的人际关系。良好的班级人际关系有助于促进师生、生生之间的密切合作与交流，避免和排除不必要的矛盾和冲

① 陈国平. 班级精神文化的构建[J]. 教育评论，2008(1).

突,发挥班集体的教育作用。构建良好的班级人际关系是班级文化建设的重要内容。首先,教师要确定正确的学生观,尊重学生的情感与意愿,构建平等和谐的师生关系;其次,教师要注重培养学生的社会交往能力,加强思想教育,引导学生形成良好的师生关系和生生关系。

班风是指班级的作风和风气,是班级师生在价值态度、思想意识、行为习惯、处事风格等方面表现出来的班级特有的精神面貌,是班级“个性特征”的体现,是班集体形成的标志。班风是班级文化的灵魂和精髓,优良的班风潜移默化地影响班级成员,对班集体具有重要的教育作用。

三、班级核心价值观的分析维度

班级核心价值观是班级群体的核心价值取向与基本价值原则,是班级精神文化的核心,班级核心价值观的确立对于班级文化建设具有决定性的意义。每个班级都会根据本班的特点和目标形成班级核心价值观以及颇具特色的班级精神文化,然而每个班级都是具有独特思想行为的复杂结合体,我们无法以某个班级的精神文化建设为样本,只能针对不同班级的不同情况,创建适合班级的班级文化。根据当代学校教育的基本价值取向,我们尝试提及几个班级核心价值观的维度,仅给教育者提供班级核心价值观分析的思考角度。①

(一)真善美

真善美是人的生存境界与主要追求。“善”是人的伦理道德层面的生存境界与追求,“真”是人的理性层面的生存境界与追求,“美”是人的自由价值层面的生存境界与追求。

第一,班级文化“求善”的核心价值取向,关注学生伦理德性的养成。广义的“善”,即“好”,应“彰善瘅恶”,善是中国传统道德的伦理基础和道德标准。亚里士多德认为:“善是人类本性意义上的目的,是人作为一个种类所特有的追求目标,善对人类最终意味着幸福,即拥有善,就会使一个人幸福。”②道德意义上的善是狭义的,是指涉及人伦关系的好的

① 俞清臣,卢元楷.学校文化学[M].北京:北京师范大学出版社,2010:43-47.

② [美]麦金太尔.德性之后[M].龚群,等,译.北京:中国社会科学出版社,1995:14.

行为。[①] 善是道德意义上的好和道德行为策略的好，是协调人际关系，以社会整体利益和群体合作求生存。斯宾诺莎认为："所谓善是指我们所确知的任何事物足以成为帮助我们愈益接近我们所建立的人性模型的工具而言。"[②]中小学生处于德性的形成时期，可塑性强，人性德性的养成至关重要。

第二，班级文化"求真"的价值取向，重视学生科学理性的培养。科学理性是现代社会的普适的价值标准，是班级教育教学的基本逻辑，是班级文化的基本价值取向。班级教学理念、知识、学习方法以及班级管理都应具有科学理性，把科学精神渗透到当代班级教育教学与管理的各个方面。班级成员对于科学理性的尊重、对于科学知识的追求，日益形成了一种科学理性的态度、思维方法以及科学的世界观，追求科学、传播科学、捍卫科学蔚然成风。

第三，班级文化"审美"的价值取向，关注人性的完满，注重人的自由的实现。席勒在《审美教育书简》中，希望通过审美的解放力量，重建文明。马尔库认为，要在人性中恢复理性、自由、美、生活的欢乐这些感受，艺术审美的批判是实现变革的关键。班级文化的审美维度的核心是贯穿文化建设中的人性美，是对人的价值的肯定，是对自由发展的期盼。班级文化的价值取向应注重理性、道德、审美的统一。

（二）生　命

"教育是直面人的生命、通过人的生命、为了人的生命质量的提高而进行的社会活动，是以人为本的社会中最体现生命关怀的一种事业。"[③]人所面对的不仅仅是自然世界，要是一个文化世界。人的生命的更深层是人的精神生命，人的生命的独特性在于人的生命的文化本性。在科学理性至上的视域里，教育漠视人的生命意识和信念、漠视生命的意义和文化本性的现象时有发生。因此，班级文化的价值取向要关注人的生命意识和文化本性，就显得尤为重要。

---

① 冯契. 冯契文集 · 人的自由和真善美：第三卷[M]. 上海：华东师范出版社，1996：205.

② [荷兰]斯宾诺莎. 伦理学[M]. 贺麟，译. 北京：商务出版社，1981：157.

③ 叶澜，等. 教育理论与学校实践[M]. 北京：高等教育出版社，2000：136.

（三）发　展

学生是发展中的人，班级作为专门的教育组织，对于学生的发展具有不可推卸的责任与使命，发展理应成为班级文化最为重要的价值取向。在班级日常教育教学活动中，根据学生的天性、兴趣、需要以及学生的年龄特征和个体差异，充分发挥学生的主体性，形成学生正确的自我认知，培养现代社会所需要的具有创新精神、实践能力的人才，寻求一种健康、稳健、超越、和谐发展的教育境界。

（四）平　等

平等是现代社会的基本价值取向，班级为每个学生提供平等的学习机会，保障每个学生都有均等的学习成功的机会。在班级中，同学之间要友爱合作，形成一种团结友爱的气氛。因此，教师要尊重和保障每个学生的平等发展权利，同学要平等相处、友爱合作，是班级文化的基本价值取向。

第二节　班训与班级精神文化建设

一、班训对班级精神文化建设的意义

班训是班级精神文化的集中体现，也是班级文化建设不可忽视的部分。2004 年 12 月 13 日教育部、共青团中央《关于加强改进高等学校校园建设的意见》指出，应该加强校园人文环境建设，“要确定校训、校歌、校徽、校标，提倡大学生牢记校训、学唱校歌、佩戴校徽、使用校标，激励大学生热爱学校、刻苦学习。”班训、班徽、班歌对于弘扬班级精神，激励学子热爱班级、勤奋学习同样具有重要意义。开展班级形象设计活动，通过班训、班徽、班歌的创作，发挥班级师生的智慧与力量，将抽象的精神文化实化为具体可感的形象，创造性地设计班级自己的标识符号。教师引导学生创建班级的特色，设计班训、班徽、班歌的活动应体现班级的价值观和班级精神，明确班级的价值追求。

首先,班训是班级精神文化的集中表现,体现了班级的核心价值观。它承载着班级先进的教育理念,寻求班级成员的认同,潜移默化地影响、转化学生的行为,形成一种强大的凝聚力,有效解决班级问题,促进班级良好的发展。其次,班训蕴含着班风、学风、教风,教育学生如何做人做事。班歌昂扬了学生的斗志,班徽增强学生的班级自豪感和自信心。通过这种形式,加强了班风的形成。最后,班训丰富了班级的管理形式。最好的管理不是人的管理,也不是制度的管理,而是文化的管理。这也成为很多企业和公司的共识,他们纷纷建立自己的企业文化,为企业的发展提供不竭的动力。班级是求知的殿堂,文化管理至关重要。

二、班训的概念、特征及功能

(一)班训的概念

训即规范、准则。班训是班级精神的集中体现,它将班级教育理念、价值取向、班级精神、班级成员的共同意志、班级文化的发展方向等加以高度概括,提炼出极其简洁的词句,是班级师生共同遵守的言行规范、共同的精神追求目标,一般以格言、箴言、座右铭等形式,如“知耻、明志、好学、力行”,“乐学善思、自重自信”等,言简意赅、内容丰富、特色鲜明。一个好的班训,不仅能够反映出班级的特点、风格,还具有时代的、地域的文化积累和沉淀,是班级文化的重要组成部分。

班训:天道酬勤亦酬善　鹰隼试翼志在天[①]

班训体现班级精神与奋斗目标,它应该包含做人和做事两方面。“天道酬勤”意思是勤奋努力、勤能补拙。“亦酬善”意思是学会做人,海纳百川,有容乃大,做一个宽厚的人,用善良赢得别人的尊重。“鹰隼试翼”出自梁启超的《少年中国说》,“鹰隼试翼,风尘吸张。”鹰隼和鹰同为凶猛的鸟类,天空的主宰者。鹰的寿命是70年,40岁时它飞得还不及一只喜鹊高。这时它

① http://wenku.baidu.com/view/642c5f176c175f0e7cd137ad.html

可以选择等死,也可以选择忍着剧痛磕掉自己的喙、拔掉自己的羽毛和脚趾,等待它们重新长出来。所有的鹰都会选择后者,鹰就是鹰,无论忍受多大的痛苦也要自己改造自己,自己重塑自己,自己和自己的过去诀别。高二,告别高一的散漫,全新的开始,做一只经过了血的洗礼而再度翱翔于天空的鹰吧,给我们改造自己的勇气。"少年智则国智,少年强则国强。"也许我们的志向并不像"为中华之崛起而读书"那样远大,但我们也应有理想并为之奋斗,为祖国贡献出自己的力量。

(二)班训的特征

1. 内容的凝练性与时代性

班训把对师生的要求高度凝练在简洁的文字中,内容丰富严谨,语言形式优美。陈桂生对校训总结为"四言八字"、"二言八字"式等,班训的构成也应具有语言凝练、朗朗上口的特点。语言的凝练、优美使得班训很容易被记住,并把班级文化的内涵上升到更高层次,给人留下深刻的印象。

如果说校训更多的是反映一个学校厚重的文化,那么班训的内容就更多地反映了时代的气息。例如,有的班训是英语谚语"Just do it","God helps those who help themselves!"有的班训甚至是一句广告词:"没有最好,只有更好。"福建一小学某班则选用福建一首民歌歌名"爱拼才会赢"作为班训。

2. 形式的针对性与灵活性

班训以凝练的语言引导和规范全班师生的日常行为,同时提出师生应遵循的基本行为准则,指引师生向着正确的行为方向发展,并努力使之内化形成一种信念。由于每个班级都有自己的价值观念、教育观念、教学目标等,提炼班训时不仅要遵循国家的统一意志、学校办学特色和核心价值取向等,还要针对班级的性质、特色等,鲜明地体现班级特点和风格,具有班级的风格魅力。班级作为一个整体不是一个固定不变的群体,会有新的情况和问题涌现,因此,随着班级发展和问题的出现,班训也应及时调整。相对于校训的稳定性,班训较为灵活多变。如某班高一时班训是

“敬、竞、进、静”，随着高二学习竞争压力的增加，班级团结等问题的出现，其班训也更改为“团结紧张、拼搏进取”。

3. 目的的战略性与阶段性

班训作为班级文化的载体，同样需要处理现实和理想的关系，好的班训不能脱离现实的要求，同时还应具有战略前瞻性。班训在学校和班级的长期实践中不断完善，对师生产生长远的影响。班训的目的可以是为了提高班级成员的个人品质，如“自律自信”，可以是一种人生目标，“战胜自我、走向成功”。也可以是体现班级的团结，如“做最好的自我、创最好的班级”，“手拉手，心连心，我们都是班级小主人”。也可以是具体的学习目标，如“挑战自我，绝不放弃，高考场上显身手”等。与校训相比，班训的目的是针对班级实际，表现班级发展不同阶段的特征。①

（三）班训的功能

1. 导向功能

班训是班级精神的集中体现，对班级成员产生潜移默化的影响，体现班级成员的奋斗目标。它是班级的航标，有指导和牵引班级成员的作用。如“勤学、善思”，“自信、自尊、自律”等班训，体现了班级文化建设和学生努力的方向。如北京市大兴区红星中学的陈阳老师在开展班级文化建设的过程中，以“勤”为核心理念，引导学生“勤于思考、勤奋学习、勤快做事，勤俭生活”，引导家长“勤督促、勤沟通、勤自律、勤自省、勤教育”，逐渐形成了以“勤”字为核心的班级文化。

2. 规范功能

班训是班集体对班级成员的一种训诫、规范，是为群体所确立的行为规范和标准。它明确了班级成员的行为模式与标准，对班级成员的行为起到约束作用。班训的规范功能多体现在对班级成员的观念制约上，使班级成员在精神上约束自己，使自己的行为符合集体的行为标准。

北京昌平区二一学校的高春燕老师所带班级的班训是

① 王婷. 中小学班训构成特点及其教育功能探析[J]. 教学与管理. 2006(4).

“敬、净、静、精、竞”，其基本内涵是：敬——尊敬师长，净——教室洁净，静——静心学习，精、竞——学习态度要精益求精、竞争上游。有一段时间，一位任课老师上课时发现总有一些学生精力不集中，小动作多，课堂秩序明显不好。班主任了解到，有些同学不喜欢这位任课老师，不爱听他讲的课，因此在课上就散了心。根据这一情况，班主任专门组织召开班会，讨论班训中“敬”字如何践行。她让学生从“敬师”的角度反思自己的行为：教师辛辛苦苦地备课、认真地批改作业，还在作业本上帮助同学们分析错题出错的原因……老师这么做的目的是什么？并让学生换位思考：如果你是这位老师，上课时看到学生们不认真听讲，心里会是什么感觉？又和学生们一起讨论：什么叫“敬人如己”？通过这种既严肃又真切的讨论剖析，同学们真正认识到了尊敬师长是一种高尚品德，见了老师行礼问好是对老师的基本尊敬；认真听讲，与老师真诚地交流、讨论问题，虚心求教是高层次的“敬”。同学们是懂事、可爱的。经过分析、讨论、反思，他们积极地改变了对这位任课老师的态度，用认真听讲、积极向老师请教问题、高质量完成作业的实际行动证明了自己对这位老师及学校每一位老师的尊敬。这位任课老师对学生们的改变也深有感触，主动和同学们沟通，认真地改进并调整方法，师生关系由此变得融洽了，班级形成了师生互敬互爱的氛围。[①]

3. 凝聚功能

凝聚的意思是凝结、集中。凝聚力是指群体成员间为实现群体活动目标而团结协作的程度。班训的凝聚功能就是指班训对班级成员的凝结、集中的功能。班训是班级成员的奋斗目标和理想追求，它体现着班级成员共同的价值取向。这种共同价值取向和理想追求会激发班级成员对班级的认同感和归属感，从而形成班集体强烈的凝聚力、向心力。在这个

① 李德善．神奇的教育场——打造特色班级文化创新艺术[M]．重庆：西南师范大学出版社．2011：35.

过程中，班级成员会自觉地将班训作为自己行动的规范，把个人利益与班级利益紧密联系在一起，使自己与班级一起“同呼吸、共命运”。班训越是鲜明，越能突出班级特点，这种向心力、凝聚力越强，班训的凝聚功能也就越强大。

4. 激励功能

班训体现的是班级价值追求和奋斗目标，它基于现实而高于现实。这就客观激励了班级每个成员向共同的奋斗目标努力前进，从而将全班学生凝聚在一起。北京昌平区二一学校的高春燕老师在班级文化建设总结中写道：“有一次几个同学告诉我，每当自己贪玩、上课注意力分散、厌烦学习的时候，经常能想到自己和老师、同学一起制定的班训，想到竞争上游的班训内涵，于是就激励自己向着目标努力。”《关于校训的思考》一文中有这样的描述：校训作为学校师生共同遵守的准则，能够把学校的内在精神注入每个个体，起到支撑师生精神世界、重铸师生灵魂的作用，能够促使师生秉承传统、维系学脉，增强凝聚力、荣誉感和责任感。认真践行校训，就能够在学校中形成优良的风气，成为一股影响深远的精神力量，鼓舞和引导师生一生的发展。其实，班训亦同此理。班训是班级精神文化的内核，它引领着班级文化建设，将班集体的奋斗目标凝练、浓缩并注入每个班级成员的心里，它是班级前进的指路标，引领师生朝着班级的既定方向前进。

三、班训的建设

（一）班主任要与学生一起协商制定班训

学生是班级文化建设的主体，而且班级文化的形成过程是班级成员相互接纳、相互融合、共同创造的动态过程。班主任与学生一起协商制定班训，正是遵循班级文化形成的规律、体现班级文化趋同特性的过程。制定班训时，师生首先共同从班级生活中发现问题、提出问题、达成共识，再将达成的共识加以高度概括，制定班训。班级成员的参与过程还可以调动班级每位成员参与班级文化建设的积极性，使制定班训的过程成为班级成员深入理解、深刻领悟内涵的过程，成为内化班级文化核心价值、认同班级精神的过程。

（二）班训的制定要符合班情

班训的制定要符合班级实际情况。制定时要结合学生所在年级、年龄特征、认知水平、性格特点、整体素质，班主任的教育理念、带班风格、个性特点等。符合班情的班训能更快地得到学生们的积极响应，让班级成员更快地将之作为自己的奋斗目标和行动准则，这样的班训才能发挥出最大的作用、最强的功能，促进班级精神的形成。

有些老师将自己的爱好、个性特点、教育理念与班级情况结合来制定自己所带班级的班训。北京大兴区采育中学的刘德生老师特别喜欢阅读，还非常喜欢向同事、朋友推荐好书、好文章，并与他们交流读书感悟、心得。他新学年接手的班级，学生们的学习成绩一般且缺乏积极向上的学习、生活态度，缺少青年人的热情、朝气和对生活的憧憬。他就结合班级现状和自己的兴趣爱好，确定了“读书——为精神打底，为人生奠基”的班训，鼓励学生做一个精神充实、有目标、能克服困难、勇于拼搏奋斗的青年。学生们特别认可这则班训，并在这则班训的感召、鼓舞下，精神状态发生了巨大变化。

（三）班训要简洁鲜明

班级文化有其独特性，班训是班级文化核心价值取向的高度概括。因此，班训应像独具特色的班级名片。余秋雨在一次关于都市文化的讲座中说道：“当人们走在各座城市的时候，最大的困惑可能莫过于这些城市正在以极其相似的面目不断地重复。”班级文化也一样，没有自己班级独特的、个性鲜明的文化，班级就如同一间间同样配备的空教室。富有个性、主旨鲜明的班训就是独特的班级文化的体现。

美国西点军校的校训“责任、荣誉、国家”，经过历史的沉淀、发展，这则校训鲜明地体现了西点军校对学员的基本道德要求和最终目标，校训简洁，主旨鲜明，是西点军校的精神结晶。班训也应如此。北京大兴庞各庄第二中心小学六(4)班的班训是“顽强、进取、向上”，三(2)班的班训是“宽容、大度、朴实、无华”。北京大兴红星中学初二(2)班的班训是“善思、乐学”。这些班训就像一张张语言简洁、要求具体、特色鲜明的名片，展示着各班特有的班级文化。

(四)班训内化为学生们的共同目标和精神追求

只有班训内化为学生们的共同目标和精神追求，才能真正体现价值，实现其导向、规范、激励、凝聚的功能。这个内化的过程就是班级文化发挥同化作用的过程，也是班级成员趋同于班级文化的过程。通过班训这些文化要素的外显载体，班训所体现的班级核心价值观、班级精神也就更加形象、具体，更加便于被学生理解、接受，并将班训内化为自己的奋斗目标、行为准则。①

第三节　班级愿景与班级精神文化建设

一、班级愿景的涵义

(一)愿景的涵义

“愿景”作为管理专业知识中的用语，首先出现在企业管理领域，随后被引入其他管理领域，包括班级管理领域。美国组织管理学专家彼得·圣吉认为“共同愿景”(Shared Vision：大家共同愿望的景象)，是“组织中人们所共同持有的意象或景象，它创造出众人是一体的感觉，并遍布到组织全面的活动，而使各种不同的活动融汇起来”，“它是在人们心中一股令人深受感召的力量”，它回答“我们想要创造什么”这个问题。②

(二)班级愿景的涵义

班级愿景是基于班级成员的个人愿景，经过充分的酝酿与讨论，为班

① 李德善.神奇的教育场——打造特色班级文化创新艺术[M].重庆：西南师范大学出版社.2011：40－41.

② 彼得·圣吉.第五项修炼——学习型组织的艺术与实务[M].上海：上海三联书店，2003.238.

级成员所认同并愿意践行的班级共同愿景。中小学班级学生年龄相仿，学习能力相近，学习目标和学业任务基本一致，为大家所共享的班级愿景比较容易达成。因此，确立班级成员共享的阶段性发展目标，激发班级成员班集体荣誉感、竞争意识、归属感，使得班级成员愿意团结协作，愿意共同为之奋斗而努力，阶段性的班级愿景就能够得以实现。通过实现班级愿景，班级成员既能实现自己的核心个人愿景（圣吉所说的“极彻底的自私目的”），同时也共同实现了班级愿景，并且成就了班级其他成员的个人愿景（圣吉所说的“精神上的无私境界”）。和而不同、兼顾学生个体本性与班级成员共性，是建设班级愿景的核心价值取向。

（三）班级愿景与班级目标

班级愿景是和班级目标相联系的。班级目标是愿景的核心。班级目标是根据国家教育目的，具体化为各级各类学校的培养目标，再具体化为班级的目标和要求。它是班级社会功能的体现，不是班级成员个体所能决定的。对于班级成员个体来说，班级目标是外在的要求。一个正确的班级目标虽然是外在的要求，但是却有内在的意义，也反映了个体的内在发展需求。班级目标要发挥作用，就必须内化为班级成员的内在要求，班级愿景是班级目标内化的结果。此外，班级目标是抽象观念，但是班级愿景是形象的生活图景。在班级文化建设中，必须将抽象的、观念的班级目标转化为具体的、形象的、有感召力的班级愿景。

二、班级愿景对班级精神文化建设的意义

（一）班级愿景建设彰显班级文化的功能

班级愿景建设源自班级成员对班级共同奋斗目标的反思，是建立在班级成员的个人愿景的基础上，且为班级成员所共同认同，从而激发班级成员实践的意愿。班级愿景建设能够充分发挥班级文化的导向功能、凝聚功能、激励功能和规范功能。首先，愿景建设对班级和班级成员的价值与行为取向具有导向功能，使之符合班级共同确定的目标。其次，班级愿景建设体现班级的价值追求，当价值观被班级成员所共同认同时，会产生

一种向心力和凝聚力，班级愿景建设发挥班级文化的凝聚功能。再次，班级愿景建设过程使班级成员内心产生一种积极进取的精神状态，充分发挥班级文化的激励功能。最后，班级文化通过班级制度和行为规范约束班级成员的言行，其在班级愿景建设过程中对班级所有成员的观念和言行具有规范作用。

（二）班级愿景建设促进班级文化内核的建设

班级文化包括班级成员共享的价值观念、班级精神和行为规范等要素，各个要素相互联系，班级文化建设集中表现为塑造、渗透、贯彻班级价值观。首先，班级愿景建设通过建设班级所有成员共同认同的愿景，正是着力塑造班级的核心价值观。其次，班级价值观的贯彻和渗透是一个长期复杂的工程，班级愿景的塑造过程通过不断反思，凝聚形成班级成员的团队共识，引领班级成员持续实践对班级目标与愿景的追求，从而使班级目标和价值观逐步形成与实现，以促进班级组织的发展与班级成员的发展。

（三）班级愿景建设符合学生心理特征，促进班级文化建设的实现

首先，班级愿景符合青年学生自主的心理特征。班级愿景建设尊重班级学生的自主选择、尊重学生的情感需求，由学生自我选择个人和班级目标以及实现班级目标的路径，充分发挥学生的主体性。其次，共同愿景建设符合学生积极向上、外向求新的心理特征。学生充满理想、积极向上、渴望进步，希望不断超越自我，愿意分享自己的思想和情感，班级愿景正是学生表达积极向上的思想和情感的平台。最后，班级愿景建设符合当前学生渴望归属的心理特征。当前，我国学生大多为独生子女，缺乏同伴交往，较为孤独，渴望友谊和班级归属，班级愿景建设中班级成员形成的热情与力量，引导学生共同经历创造班级文化。①

因此，班级愿景建设对班级精神文化建设有着无法替代的、独特的价

① 李焰，杜洁. 以共同愿景建设推进高校班级组织文化重构[J]. 四川师范大学学报：社会科学版，2010(1).

值和功能。①

三、班级愿景的建设

根据国外学者的相关研究,“愿景”形成直至其被接受为“共同愿景”是一个过程。愿景建设分为三个阶段:第一阶段愿景显现与产生,其结果是形成模糊的、粗糙的愿景;第二阶段愿景传播、成熟并被成员广泛接受,其结果是形成明晰的、成熟的愿景;第三阶段愿景执行与实施,努力实现愿景所想象、所描绘的未来。②

(一)愿景的显现与产生

班级共同愿景的显现与产生是愿景建设过程首要的一步。班级愿景的呈现与产生是一种自下而上的班级组织沟通过程。通过班级成员内心反思自己的行动和思想以及班级组织的目标,使个人愿景与班级愿景融合交汇。根据班级成员对班级及自身过去与未来、成就与问题的反思,对班级目标和个人愿景的反思,逐步明确班级阶段性目标与愿景,激发班级成员形成共塑愿景并为之奋斗的实践意愿。教师激发学生共同塑造班级共同远景一般经历以下几个阶段:首先,应明确方向。教师应引导学生反思班级发展的过去与未来、成就与问题,明确班级愿景的方向。其次,应引起动机。教师需向全体同学阐明班级愿景的意义和价值,激发学生参与愿景的热情。最后,应发展学生个人愿景。教师应组织学生探讨他们理想的班级和理想的自己,帮助学生逐步明晰和确立个人理想的愿景目标和愿景特征。

(二)愿景的确立

1. 确认班级核心价值观

汇总班级所有成员的个人愿景的目标与特征,在教师的引导下,形成

---

① 李焰,杜洁. 以共同愿景建设推进高校班级组织文化重构[J]. 四川师范大学学报:社会科学版,2010(1).

② 贾良定,唐翌,李宗卉,等. 愿景型领导:中国企业家的实证研究及其启示[J]. 管理世界,2004,(2).

班级成员公认的班级核心价值观。

2. 评鉴与表述班级愿景

评鉴与表述班级愿景应遵循以下基本要求：(1)具有教育价值。根据学生的“最近发展区”确立班级愿景，促使班级成员主动参与并不断超越自我。班级愿景应与学校教育的价值观相一致。(2)表述具体明确。班级愿景的表述应具体、清晰、易懂，能够用语言或图形陈述，但文字不宜过长。

3. 撰写班级愿景方案

班级愿景方案一般包括五个部分：(1)学校教育目标。学校教育目标是确立班级目标的重要依据。(2)班级目标。班级目标是班级愿景的灵魂。(3)班级学生分析。具体分析班级学生的年龄特征和实际状况。(4)分析班级目标与班级现实状况的差距。班级学生现实状况是班级愿景制定的出发点，班级可能达到的发展目标是愿景制定的着眼点。(5)撰写班级愿景方案。班级愿景方案的制订应积极向上，具有个性特色。

(三)愿景的实施

愿景的执行与实施是关键，周期长、难度大。愿景设计、共享和展示的过程比较容易激发班级成员的积极参与和班级凝聚力，但是如果愿景执行与实施工作没有及时跟进，班级愿景建设就会流于空洞的宣言。愿景实施的关键在于班级愿景的强化和坚持，使班级愿景生根和扩散。① 首先，教师要引导学生制订切实可行的目标，让学生有具体明确的奋斗方向，使愿景生根落地，让学生有具体明确的依循方向。例如，对于勤奋学习的愿景，可具体化为学习计划的制订、上课听讲、作业与考试成绩等细化指标。其次，教师要通过开展愿景实践活动，搭建平台为学生实践愿景。例如，根据班级愿景目标，组织班级成员开展实现愿景的交流讨论活动、组织培养班级团队精神的活动、组织学习合作活动等，通过班级成员对班级愿景的认知与实践的交互作用，从而使愿景在实践活动中实现。最后，在愿景实践过程中，要引导学生反思自身实践，实现自我超越，进一

① 杜洁. 论共同愿景在高校班级组织建设中的创新应用[J]. 中国青年研究，2007(5).

步改进完善愿景。

愿景建设需要持续创造和逐步推进。愿景建设具有其阶段性的指标,更是一项永无止境的任务,需要根据班级的新现状、新目标、新缺失,定期再造愿景,然后进行新一轮的愿景建设。①

第四节　班风与班级精神文化建设

班风是班级文化的集中体现,是班级文化的灵魂,它具有强大的凝聚力和感召力。如果说制度文化是班级文化建设的有形之手,那么良好的班风就可称得上无形之手,会无形地鼓舞支配着班级成员的行为和集体生活,潜移默化地影响学生身心的健康发展。良好的班风在班级文化建设中具有十分重要的作用。

一、班风的内涵及对班级文化建设的意义

班风是班集体面貌和个性的体现,是班集体成员共同的价值观念、思想意识、行为方式的有机结合,是班级中形成的情绪、言论、行为、道德面貌等方面长期占主导地位的稳定的倾向,它通过班级成员的言行、习惯、态度等表现出来,是一种催人奋发向上的心理环境。

班风与班级精神有着本质的联系。一方面,班级精神所营造的氛围,弥漫在每个班级成员周围,使每个成员的言行举止都浸染上了它的色彩和痕迹,这种氛围久而久之便形成了一种风气,即班风。另一方面,班风属于班级精神文化但又不等同于班级精神,它是班级精神具体、感性的外化形式。也就是说,班级精神要通过班风反映出来。所以,班风是班级文化的集中体现,班级文化建设要抓好体现班级精神实质的班风建设。

班风一经形成,便会对班级所有成员具有约束力,班风对外是班级的形象,对内是一种氛围、一种无形的力量。简单地说,班风体现了班级的群体价值观、群体信念、群体态度,它在很大程度上影响了班级文化建设

① 李焰,杜洁.以共同愿景建设推进高校班级组织文化重构[J].四川师范大学学报:社会科学版,2010(1).

和发展的质量。

学生在学校学习、生活的具体环境是班级,班集体对班级成员的作用是巨大的。班集体的风气、班级核心人物、班级推崇的行为等将直接影响班级大多数成员的价值观念、思想认识、行为方式。良好的班级风气一旦形成,直接受益的是大多数班级成员。虽然班风是一种无形的精神状态,但它对于班级成员具有强大的教育力量。在一个积极上进、严谨认真的集体中,懒散的同学会受到鞭策;在一个好学上进、勤奋刻苦的集体中,有惰性的同学会受到鞭策;在一个是非分明、凝聚力强的集体中,自私自利、唯我独尊的人就没有市场。

二、班风的形成

班风不是局限于个人的风尚,而是整个集体的风貌,它的形成有利于培养、塑造班级成员的良好形象,从而推动个人品德素养的发展,促进集体良好作风的形成。班风更有利于培养集体主义精神。在班风建设中,班风的标准和具体行为规范是建设的具体目标,这一具体目标要落实到班级活动中。在丰富多彩的班级活动中,形成正确的班级舆论以及班组织的骨干力量,于是催人奋进的班风就一定能形成。但班风的形成不是一蹴而就的,它的建设一般要经历生成期、成长期、内化期和成熟期四个主要的阶段。

第一,班风的生成期。在这一时期,班风的要求相对于班级成员是外来的、强加的。因此,要重视发挥各项规章制度和舆论的宣传作用,以便解决集体要求与个人要求之间的冲突。要让学生理解班风的要求、意义,明确个人和集体的关系。第二,班风的成长期。在此阶段,一部分班级成员接受了班风的要求,但还有部分成员没有认同班风的要求。这是班风形成的关键期。因此,要借助集体中有影响力的榜样来加强对班风的宣传,进行示范教育,并开展有针对性、教育性的活动,引导班级成员感受班风的内涵,发挥心理环境的同化作用,使班级成员认同班风的要求。第三,班风的内化期。在此阶段,班级成员整体上接受了班风的要求,但还要继续加强,使班级成员更加深入地理解、内化班风的精神和要求,并自觉地付诸行动,进而形成习惯。第四,班风的成熟期。此阶段,班风的要求已基本成为绝大多数班级成员的自我要求,可以说,已基本完成了班风的内化过程。这个阶段,班风对班集体已具有教育力量。

班风形成机制复杂,大致包括三方面的成因:班主任的角色干预、学生个体或群体的带动、学校风气的影响。

(1)班主任的角色干预。班风的形成过程就是班级文化渗透和浸润的过程,在这个过程中,班主任起主导作用。《说文解字》中解释“教”的意义是:“教,上所施,下所效也。”人们常说,有什么样的班主任就有什么样的班级,班主任喜欢读书,那么他所带班级的学生也会在潜移默化中受到影响而爱上读书;班主任喜欢体育运动,那么班级的学生也会自然而然地喜欢体育活动。班主任的人格魅力、业务能力、学识修养、管理风格等方面都会影响到班级学生,成为学生的发展榜样和精神引领。所谓“亲其师,信其道”,班主任的角色干预对班风的形成具有重要作用。所以,班主任在班风形成过程中应扮演“引领者”的角色。

(2)学生个体或群体的带动。学生是班级建设的主体,他们对班风的形成和发展也可以起到导向作用。我们经常可以见到班级中个别学生或某个群体的存在对班风的重要影响,比如,班级中存在几个体育尖子生,或者有几个文艺特长生,如果他们的表现比较活跃,就可能使班级其他学生受到带动,使得班级风气偏向于热爱运动或者热爱文艺。

(3)校风的影响。学校积极的、活泼的校风势必会吸引和带动班级风气的发展,刺激班级成员参与学校各项事务和活动,从而影响班级风气的形成与发展。

三、班风建设的方法

(1)明确班级精神。班级文化建设中必须要有明确的班级精神,使班级成员的思想和行为有清晰的方向和指导原则。缺乏班级精神的班级文化建设一般是随性的、散漫的、毫无脉络可循的。班风的形成过程往往是自发的、无目的的。因此,一个班级良好风气形成的前提是:班主任应该与学生一起确定明确的班级精神,以它作为班级风气的精神引领,刺激学生的参与欲望,并在实现班级精神的过程中形成特有的班风。

(2)强化集体舆论。班集体舆论是班风的重要表现形式,也是班风建设的重要内容。因此，在班风建设中，要积极大力宣传，形成健康的集体舆论，强化班风的约束和激励作用，形成班级师生的集体意识。学生的正确认识是健康舆论的基础，班主任要善于启发、引导。班主任作为班级活动的组织者、领导者，要经常组织学生评论班级各种事情并及时加以启发和引导，以确保班集体舆论朝着积极、健康的方向发展。其次，要正确发挥集体舆论的作用，班级的舆论工具主要有黑板报、班报、班务日志、班会、少先队和班团队活动等。在培养健康的班集体舆论过程中，班主任要创造性地利用班级的舆论工具，使之在形成健康的舆论的过程中起到应有的作用。

(3)学生骨干的引领示范。学生骨干在班风建设中起着重要的作用，他们是具体执行班风建设计划的得力助手，发挥着引领示范作用。班主任要善于发现、培养能够促进班级主流价值观形成的学生个体或群体骨干。因为一个班级良好风气的形成，往往还受到班级个体成员或班级学生群体的优秀品质的影响。

(4)把握好班风形成关键期。如上所述，它的建设一般要经历生成期、成长期、内化期和成熟期四个主要的阶段。就班风建设而言，前两个时期是至关重要的，一般表现在新生入校后第一年。因此，一定要抓住这一关键期。班主任要认真做好开学工作，搞好入学教育及常规教育。特别注意入学教育的"五个一"，即做好班级的第一次发言，处理好班级出现的第一个问题，办好班上的第一件实事，开好第一个主题班会，安排好任课教师与学生的第一次见面等。开了好头，就有了主动权。

(5)班级活动的开展。开展丰富多彩的班级活动是班风形成的重要机制之一。华东师范大学张江实验中学的肖家芸老师就是通过"温馨祝福"、"温馨提醒"等系列活动来建设良好班风的。有了这些活动，班级就像一个温暖的家，温馨四溢。班级成为互爱的平台，同学们都自发自觉地付出自己真诚的爱，这成了班级成员的一种行为特征、一种风尚。

(6)抓班级常规。班级常规管理要坚持经常化、制度化、科学化。班风对班级师生的影响是一种自觉自律的行为，而规章制度是带有强制性的，在此影响下，学生的行为是一种外在他律的行为。学生自觉自律的行为需在规章制度约束的他律的行为基础上，经过学生努力逐步形成。因此，在班风建设中，必须依靠常规工作的制度化、经常化、科学化，通过班级规章制度的制定与严格执行，从而使班风建设有章可依、有规可循，促进良好班风的形成。

班风建设是有目标、有具体实施计划、有可操作的保障机制、有引领者和参与者的重要工作。班主任需要做好组织者和协调者，关注良好班风的形成，随时进行监督和调整，充分调动班级成员的积极性与合作意识，使班风建设真正成为班级成员共同参与的常规工作。①

小　结

班级精神文化是班级发展中共同认同的教育思想、共同享有的教育观念，以及教育价值追求的集合体，是对班级发展根本问题的看法，是班级自主建构起来的班级教育哲学。它是班级建立与发展的基石，是班级建立的纲领，同时也是班级文化建设的方向与目标。它贯穿于班级建立和发展的始终，是一个班级的本质、个性和精神面貌的集中反映。核心价值观是班级精神文化的核心。班级精神文化首先体现为外显的语言符号和标识系统，如班训、班徽、班歌等；其次体现为班级的奋斗目标和班级愿景，班级愿景是班级目标的具体化；最后体现在班级舆论、班风、人际关系中，其中班风是班级精神文化的重要内容。

班训、班徽、班歌是班级精神文化的具体表现，体现了班级的核心价值观。它们承载着班级先进的教育理念，寻求班级成员的认同，潜移默化地影响、转化学生的行为，形成一种强大的凝聚力。班级目标是愿景的核心。班风是班集体风格和个性的体现，是班集体共同的价值标准、思维方式、行为特点的有机结合，是班级中形成的情绪、言论、行为、道德面貌等方面长期占主导地位的稳定的倾向，它通过班级成员的言行、习惯、态度等表现出来，是一种催人奋发向上的心理环境。班训、班级愿景和班风等建设对班级精神文化的建设具有重要的意义。

① 李德善. 神奇的教育场——打造特色班级文化创新艺术[M]. 重庆：西南师范大学出版社，2011：53－59.

思考题：

一、名词解释：

班级精神　文化班训　班徽　班级愿景　班风

二、简答题：

1. 简述班级精神文化的结构。

2. 简述班训的特征与功能。

三、论述题：

1. 联系实际谈谈如何进行班级班训、班徽、班歌的建设。

2. 联系实际谈谈如何进行班级班风建设。

四、课堂实践：

选择一个特定年级的班级，制定一个“班级愿景实施方案”。

五、案例分析：

近来班级中同学们上网成瘾，作为班主任，我在班级开展了主题为“孝敬父母、感恩苦学”的主题班会。首先，我让学生解读一位父亲写给陷入网瘾的儿子的诗：“愈逢困迫愈狂冲，劲性天成自不同。暴风凝云坚瞩目，惊涛骇浪任从容。”同学们从不同的视角解读，激起了情感的共鸣，我抓住这一时机，请同学们用自己真实的情感、发自内心的呼唤，给自己的父母写一封情真意切的感谢信。请父母回信寄给我并由我来转交。此项活动给父母和儿女之间架起了一座沟通的桥梁。在接下来一周的班会上，我很自然地启动了一个主题为“聆听心语”的活动。主题的含义就是仔细聆听父母发自内心的话语。第一步由我转信、学生看信。学生们看着父母写给自己的信，心灵上受到了极大的触动。我抓住有利时机，让同学们谈谈自己看完信的感受。

欧阳同学说：“同学们，直到今天我才真正懂得了什么叫奉献、什么叫大爱。我原来家境很好，可以说衣食无忧，也不知道什么叫困迫。直到父亲的一笔大生意被骗，我才知道什么叫艰辛。父母摆摊炒菜供我上学。有一次，我到母亲摆摊的地方去接母亲回家，趁母亲洗碗的间隙，我想替她刷刷锅，当我的手触到锅柄的一刹那,我本能地缩了回来,因为锅真的太热了。同学们,我发誓一定要好好学习,将来一定让饱受艰辛的母亲过上好日子。请大家见证!"此时,台下响起了雷鸣般的掌声,很多同学的眼眶都已经湿润了,他们受到了人生最珍贵的情感洗礼,心灵受到了极大的震撼!王萍同学说:"我们文科班的学生比较多,刚开学时天气炎热,有的同学抱怨说,热死了,没法活了。我想对大家说的是再热也不如我母亲工作的纺织车间热。每当母亲下班回家,她的头发已被汗水浸湿,看到母亲疲惫的背影,我心里真的很难受。可怜天下父母心!同学们,为了我们美好的未来,也为了我们不易的父母,让我们团结起来,感恩苦学,开创新的生活,加油!"

这时候,台下再次响起了雷鸣般的掌声,伴随着掌声台下又走上来一位同学,同学们的表情都惊愕了,原来是"恋爱王子"陈雨润。上台后他第一句话就说:"从同学们的表情就知道我是不受欢迎的。因为我是一个迷途的孩子。在这之前我不懂得什么叫艰辛,更不懂什么叫感恩。听了同学们的发言,我回首自己过去曾经引以为豪的潇洒漂亮在此刻显得多么的丑陋。过去上网、恋爱的洒脱,此刻显得多么的无知。同学们都在为自己的未来打拼,我却徜徉在花前月下,乐不思蜀。今天,我向大家发誓,我再也不能这样活了!我要努力,我要成功!"

触动心灵的故事还在继续,一幕幕催人泪下的场景还在上演……经过这次震撼人心的思想洗礼,我发现班级中比吃穿、比享受的少了,比学习、比吃苦的多了;比抱怨、比索取少了,比付出、比奉献的多了;比闲聊、比懒惰的少了,比学习、比勤奋的多了……

请结合案例谈谈班风的形成策略。

参考文献:

[1]彼得·圣吉.第五项修炼——学习型组织的艺术与实务[M].上

海:上海三联书店,2003.

[2]李德善.神奇的教育场——打造特色班级文化创新艺术[M].重庆:西南师范大学出版社,2011.

[3]海国华.积极建设班级文化构建学生精神家园[J].中国教育学刊,2008(8).

[4]易连云.重建学校精神家园[M].北京:教育科学出版社,2003.

[5]李焰,杜洁.以共同愿景建设推进高校班级组织文化重构[J].四川师范大学学报:社会科学版,2010(1).

[6]俞清臣,卢元楷.学校文化学[M].北京:北京师范大学出版社.2010.

[7]石中英.论学校核心价值观及其形成[J].中小学管理,2008(10).

[8]李金桥,时章明.大学校徽的功能与意义[J].现代大学教育,2008(1).

[9]张金华.论班风建设[J].职业技术教育,1995(10).

[10]刘良华.学校文化的核心精神[J].全球教育展望,2008(5).

[11]李国霖."班级经营"的基本理论[J].教育导刊,1994(Z1).

[12]蒋忠.班级文化的建设[J].教育与管理,2002(26).

[13]郝磊,王颖.创建优秀班级文化 培养高素质职业人才[J].兰州石化职业技术学院学报,2003(2).

[14]郝京华.班级的社会学分析[J].教育研究,1988(3).

[15]白铭欣.班级管理论[M].天津:天津教育出版社,2008.

[16]李琰,易连云.基于道德精神的班级文化建设研究[J].学校党建与思想教育,2012(29).

第三章　班级物质文化建设

黑板宣言①

甘　露

临近期中考试了，在批改学生周记的时候，我发现大部分学生的压力都很大。毕竟这是高二文理分科后的第一炮嘛！有一个学生甚至用红笔写道："我真想把心里淤积的东西从胸口抠出来，'叭'的一声甩到墙上！"

我一怔，这是多么强烈的反应啊！同时，一道灵光也在脑中闪现，对！教室后面不是有一块黑板吗？甩！甩包袱！

我当即就宣布各科代表以后不要在这块黑板上抄题了。学生们一愣："出板报吗？都快考试了，老师！"

"不！现在我允许同学们把自己想说的话写在黑板上，内容不受限制。"

"啊！多不好意思，有些话不好讲出来，老师！"

"没关系！"我鼓励他们，"大家就利用这一次机会展示一下自我吧。"

下面有人开始小声地议论，也有人在偷偷地笑。

当天晚自习时，我就发现同学们把黑板写得满满的，还有学生在为找不到地方写而着急呢！我仔细一看，有名言警句，也有学生的心得体会，可喜的是学生们并没有发牢骚，反而写得颇有意味。学生们的宣言可大致分为以下几类：

互相激励，奋进一族：

---

① 熊华生. 班级管理智慧案例精选[M]. 上海：华东师范大学出版社，2011：24-25.

A:付出没有收获,是生命最初的误会,却不是最终的误会!加油等于加分,相信我!

B:没有岩石的阻挡,哪会有美丽的浪花?

(多好! 有自信,有魄力!)

提供参考,稳重一派:

A:循序而渐进,熟读而精思——我觉得朱熹说得对。

B:知道自己知道什么,也知道自己不知道什么,这就是真正的知识。(梭罗)——拾遗补缺,是你我要做的!

(真棒! 多清醒的头脑!)

挑战对手,狂野一派:

A:××警惕,我离你只有五分之遥!

B:呵呵,革命尚未成功,你我都需努力。

(看看,从容应对又不乏同志深情啊!)

释放压力,调侃一派:

A:我这下会掉到哪旮旯去呢?

B:嗨,我这儿呗! 人生何处不相逢?

C:仰天大笑出门去,怎能尽是高分人!

D:岂能尽如人意,但求无愧于心! 尽力而为。

(同龄人之间的对话,少了一份训诫,多了一份温存。)

"同学们,你们觉得自己写得好不好?"

"好!"响当当的回答,一扫从前的低落。

"写宣言有哪些作用?"

"锻炼了我们的语言表达能力。"

"缓解了心理压力,知道了大家都有雄心,但又都有困惑。"

"能时刻提醒自己。目标都公开了,达不到多不好意思!"

"能够鼓舞斗志。"

学生们也争先恐后地发言。这次"黑板宣言"给大家提供了一个沟通和宣泄的渠道。在接下来的期中考试中,全班同学发挥都比较稳定,有个别学生的成绩还居年级前列!

此后,"黑板宣言"成为了我们班的一项固定的活动。

环境影响人、造就人，班级环境对学生的熏陶是潜移默化的。苏霍姆林斯基认为：“孩子在他周围经常看到的一切，对于精神面貌的形成具有重大的意义。这里的任何东西都不应当是随便安排的。孩子周围的环境应当对他们有所诱导、有所启示。我们竭力使孩子所看到的每幅画、读到的每句话，都能启发他去联系自己和同学。”①我国也有“近朱者赤，近墨者黑”的古训。春秋战国的荀况在《劝学》中说：“蓬生麻中，不扶自直；白沙在涅，与之俱黑。”②可见，班级物质文化具有不容忽视的教育性。班级物质文化是一个班级精神追求和教育理念外显的表现，是对一个班级的最初印象和总体评价。

第一节　班级物质文化概述

一、班级物质文化的定义

班级作为教育的主要场所，是教育活动得以顺利进行的空间依托和物质基础。班级物质文化作为班级文化的重要组成部分，同样也是班级文化存在和发展的物质基础。有研究者认为，班级物质文化是指班级文化中的实体部分，主要包括班级教室的布置、活动设施的购置，以及班级卫生状况等。③ 有研究者认为，班级物质文化是指可以反映表现班级思想与价值观念的物质手段。④ 有研究者将“物质文化”又称为“视觉文化”或“器物文化”。例如，有研究者认为，视觉层是班级文化的浅表文化，是班级利用有限的物质资源创造出来的外在形象，是班级精神和班级制度的外化。有学者认为，器物层是班级文化在物质层上的体现。四周墙壁上的名人名言，黑板上方悬挂的国旗、班训，后面的黑板报、桌椅排列都属

---

① ［苏］B. A. 苏霍姆林斯基. 帕夫雷什中学［M］. 赵玮，等，译. 北京：教育科学出版社，1983：135.

② 徐式圭. 中国教育史略［M］. 上海：商务印书馆，1931：80.

③ 王家云. 班级管理优化与良好班级文化培育［J］. 江苏教育研究，2009（2）.

④ 陈相雨，侯波，姜俊玲. 大学班级文化的构建：概念、方式与原则［J］. 教育研究，2009（10）.

于这一层次。①

学者们对班级物质文化的内涵理解不尽相同，但是他们都强调班级物质文化的物质实体形态，其存在方式表现为实体形态的多样性，其基本形态是教室等有形物质文化形态。班级物质文化是班级文化的物质基础和外部表现形态，它是班级主体同班级物质环境相互作用的产物，是班级主体展开教育教学活动的空间基础和物质条件。因此，我们认为班级物质文化是指班级有形的物质实体文化形态，满足班级成员教育教学活动的实用需要，并蕴含着班级价值追求、教育理念和审美情趣的文化形态，是班级文化的物质基础和条件，也是班级文化的物质载体。

需要区别的是“物质”与“物质文化”。班级教室等有形的物质实体，并不等同于班级物质文化，单纯的班级物质环境等只是班级文化的“符号”和“载体”，本身不具有文化内涵和精神实质。班级物质环境必须是整个班级文化的有机和谐的组成部分，体现班级成员所传承和分享的价值理念和精神信仰，具有环境育人的功能。良好的班级物质环境并不等同于良好的班级物质文化，班级物质文化建设并非盲目追求物质条件。将班级物质文化与物质环境等同起来的理念，漠视了班级物质环境所承载的班级价值追求和文化理念。

二、班级物质文化的特性

（一）教育性

联合国教科文组织在《21 世纪的高等教育：展望和行动》中提出：除了正规的课程以外，学生置身于其中的环境也是一种教育要素或反教育要素。斯坦福大学首任校长约旦在开学献辞中曾说道：“长长的连廊和庄重的列柱也是对学生教育的一部分。四方院中每块石头都能教导人们要知道体面和诚实。”②班级物质文化对学生具有潜移默化的教育作用。班级物质文化的构建承载着班级精神、价值追求、教育理念、审美情趣等，其

① 叶书文. 浅议班级文化[J]. 教学与管理，2000(12).

② 张鹏飞，林巧华. 第 25 种教育[J]. 中外景观，2007(10).

中蕴含了丰富的、无形的教育元素，学生与班级物质文化接触的过程中，不知不觉中受到环境的熏陶，德、智、体、美等方面得到全面发展，学生的情感、态度和世界观、人生观受到潜移默化的影响。班级物质文化是班级文化的外显，是一种物质实体形态，具有巨大的教育功效。

（二）实用性

班级物质文化是以其满足班级成员教育教学活动的实用需要为第一原则，它是班级教育教学活动正常运行的条件与保障，同时班级物质文化是班级精神文化和制度文化的物质基础和物质保证。班级物质文化环境构成了班级环境的主体部分，班级物质环境主要表现为班级教室的合理布局，以及班级教室的基本设施和空间布局，它满足班级成员的教育教学的实用需要，直接影响班级成员的学校学习和生活质量等。

（三）人文性

班级物质文化蕴含着深刻的文化底蕴和人文情怀，反映和折射出班级价值追求和审美情趣。班级教室的空间布局、墙面文化等环境文化形态深刻地反映了班级成员的人文精神和教育理念，更凝聚和寄托了班级成员的价值追求、精神信仰和审美情趣，体现了班级成员的生存状况、精神风貌和教育追求，教室和寝室等基础设施的建设也体现了以人为本的人性化的关怀。班级物质文化将超语言性的班级精神文化的隐喻，寓于直观表象的班级物质空间形态之中，它是班级精神的载体，是班级人文精神外化的物质形态。

三、班级物质文化的功能

班级物质文化建设集中反映了班级成员与物质环境的相互作用关系。班级物质文化环境的形成和发展过程是班级成员不断加工的结果，师生不断赋予班级物质文化以新的精神理念和文化内涵，通过对班级物质实体环境的不断改造，重建班级物质文化，从而形成班级物质实体文化。班级物质环境满足班级成员教育教学活动的实用需求，师生在班级物质文化环境中受到熏陶，实现班级物质文化的教育价值。

(一)表达功能

班级物质文化作为班级文化的基本要素,是其他各种班级文化得以存在和发展的物质根基和载体。形态各异的班级物质文化承担的基本功能即物质性功能,其满足了班级成员对于学习与生活等活动的物质需求。整齐洁净、设施齐全的教室和寝室等提供了高质的教育教学环境,是班级物质文化实现其自身物质实用功能的体现。同时,班级物质文化作为表层的实体文化,是班级精神文化、制度文化和行为文化的物质载体,通过有形的物质文化才得以直观展示班级精神文化、行为文化和制度文化。班级墙面文化等展示着班级的精神风貌,班级成员的行为文化通过有选择地作用于班级物质文化环境而显现在视觉世界,班级物质文化也是制度文化的外在符号形式。

(二)教育功能

班级物质文化蕴含着教育功能和激励作用。班级的物质文化环境是学生的生活体验和接受教育的场所,物质文化环境作为一种载体文化具有深刻的教育内涵。班级的物质文化经过设计者的巧妙构思和布局,是班级教育精神和教育理念的直观体现。充满人文气息的班级环境能够激励学生积极向上、实现自我。

(三)审美功能

班级物质文化可以培养学生的审美观和审美能力,提升学生的审美水平。除了以专门培养学生审美能力为目的的学校艺术课堂外,班级物质文化因其自身所包含的审美追求和美学内涵而对学生的审美观念、情感、态度、价值观产生极大的影响。而班级物质文化通过审美怡情的方式让学生以轻松愉悦的心情面对学习,使学生能够更加高效地投入到学习生活中去。

第二节　班级物质文化建设的原则与问题

教室是教育教学的主要场所,班级物质文化以教室环境为主要内容,教室环境布置是班级文化的基础及其水平的外显标志。搞好班级物质文化建设是班级文化建设的一个重要环节。

一、班级物质文化建设的原则

(一)整体规划,富有创意

班级环境设计要整体规划,根据班级的教育理念、价值取向与审美取向等,从学校历史与文化、教室布局、班级功能区划分与设施的合理配置、班级墙面的布置,以及班级环境设计的风格、色彩、比例等多方面综合考虑。班级环境布置应富有创意。班级环境布置不是简单模仿,而是基于学校文化、班级精神、价值追求、审美情趣等,经过提炼、凝聚而在班级物质环境的设计上的创造性表达。班级环境的整体性或个别性的创新设计,可以表现班级独特的环境风格与文化境界。

(二)体现班级精神,具有教育意蕴

"教育艺术在于,不仅要使人的关系、成人的榜样和言语以及集体里精心保持的种种传统能教育人,而且也要使器物——物质和精神财富——能起到教育作用。"①班级环境建设既要满足班级学生学习的实际需求,又要体现班级精神与班级的价值追求,陶冶学生性情,实现物质文化育人的功能。

如同画卷的"画意",班级空间布局和墙面文字符号的设计等,应蕴涵着独特的教育意蕴,对师生具有教育性。《辞海》中"意蕴"一词的涵义是事物的内容或含义。在《美学》一书中,黑格尔认为意蕴"总是比直接

① [苏]B. A. 苏霍姆林斯基. 帕夫雷什中学[M]. 赵玮,等,译. 北京:教育科学出版社,1983:105.

显现的形象更为深远的一种东西。艺术作品应该具有意蕴,它不只是用了某种线条、曲线、面、齿纹、石头浮雕、颜色、音调、文字乃至于其他媒介,就算尽了它的能事,而是要显现出一种内在的生气、情感、灵魂、风骨和精神。"①班级环境的教育意蕴,是蕴含在班级环境中显现出的班级精神、价值观念、教育追求、审美意识的复合,是学校历史、班级情况、时代精神的融合。班级环境意蕴的营造,应对班级价值观、班级精神加以理解、外化并进行再创造,融合学校的历史、当代的时代特征,以富有思想性、启迪性、激励性的内容和形式,以符合师生的审美情趣,并为师生能理解的、富有意蕴的物质形态或文字符号呈现。营造生动活泼、富有朝气、乐观向上的环境气氛,学生置身其间学习与活动,其价值观念、思想和行为潜移默化地受到熏陶和感染,从而为善向上、勤奋好学、目标明确、富足精神。

(三)富有文化艺术性,反映师生审美情趣

一所学校在长期的发展过程中,常呈现出丰富多样的学校文化。班级环境建设要批判继承学校具有教育意义的优秀文化因子,结合班级实际情况,并在班级环境设计中找到合适的契合点,从而营建出能够体现本班优秀文化的环境设计。也就是说,基于班级的教育价值追求,植根于学校文化,根据班级师生对班级教育教学多层面需要的考虑,提炼并形成适合师生需要的班级物质文化建设特色,体现了班级师生的教育价值与追求、文化素养与品位。

班级环境设计应具有艺术性,体现班级师生的审美情趣。应注意空间布局、色彩、比例、风格等多方面的和谐,使其具有柔和而融洽的感觉,并在整体上表现出完整的美感。

首先,注意班级环境的色彩和谐。色彩是班级环境布置的重要因素,直接影响着师生的视觉感受和班级环境质量。其设计需遵循以下一些基本原则:第一,要体现色彩的和谐统一,包括色调、色相、纯度、明度等方面的和谐统一。第二,色彩搭配应主次分明、具有变化、协调统一,遵循对称与均衡、节奏与韵律、衬托与对比等色彩构图原理。第三,要针对不同年

---

① [德]黑格尔.美学[M].朱光潜,译.北京:商务印书馆,1982:25.

龄阶段的学生对色彩的不同需求进行设计，小学的班级环境色彩丰富，明亮的暖色调、对比色较合适，营造轻松自由、活泼愉悦的环境氛围。在中学的班级环境的色彩设计中，柔和的冷色调能使学生专心致志地学习，同时色彩要体现中学生积极向上、青春朝气。第四，要区分不同功能教室的空间对色彩的需求，教室内的色彩应以淡雅、光反射率高的色彩为主；人口密度过大、空间较小的教室应选用冷色调；音乐教室宜采用暖色调以提高情绪；教室外的走廊等休息场所应以暖色调为主，以调节与放松学生的情绪。

其次，注意空间布局和谐。运用比例、对比等布局基本手法使班级的各功能区域整齐、宽敞、雅致。班级环境设施的各个部分本身和相互之间的比例要恰当，如教室门窗的大小、课桌椅的大小、走廊的宽度等要比例适当，以及班级空间布局的比例恰当。通过对比凸显班级环境各要素之间的显著差异，如班级环境设计中的外形对比、明暗对比等，使班级环境布置中的某部分或某些要素凸显出现，充分表达趣味、舒适、愉悦、优美的情感。班级环境空间布局还应虚实相间，既要充分发挥班级的空间资源优势，又要适当给学生留出一些思考和遐想的空间。

（四）师生参与，以生为本

班级环境的布置应以学生为主体，注重学生主体性、创造性的发挥，促进学生发展。班级环境设计中所蕴含的丰富的潜在文化信息要为学生所理解，适合学生的年龄特征和发展需要。应让班级师生共同参与开发设计或参与设计的选择，反映师生对班级环境布置的多方面需求，这才更有助于班级群体价值观在班级物质环境上得以体现。具体可通过参加班级环境布置的前期论证、方案规划与设计、方案选择与评估等方式，发挥师生的主体性。

（五）科学舒适，实用安全

1. 科学性

教育心理学研究表明，教室设施形状与排列布局以及教室空间、色彩、声音等环境因素，直接影响学生的学习兴趣、动机、情绪、态度，特别影响学生的注意力、疲劳度、学习的预备状态。教室空间的密度、领域性、个人空间、私密性、拥挤感等教室空间环境体验,直接影响学生的归属感、安全性以及行为表现。① 班级环境的建设理应营造一个良好的外部环境,以促进学生身心健康发展。

2. 舒适性

教室是学生日常生活学习的主要场所,班级环境建设应关注学生在班级中的体验,关注班级环境的舒适性。第一,班级各类设施应符合学生生理发展的年龄特征,关注师生使用的方便性与舒适感,如课桌椅大小的设计、教室的空间、采光、色彩等。第二,干净整洁、美观和谐的班级环境,使学生舒畅身心、提高效率、陶冶情操。清新有序的室内布局不仅有利于学生的学习和成长,对于老师也是一种感染。敏茨(N. L. Mintz)关于教室环境布置的美观整洁性对师生身心影响的研究表明:洁净整齐、布置良好的教室环境使人产生舒适、享乐、欢乐、力量的感受,愿意在其中活动的愿望;环境布置不良的教室使人产生单调、疲乏、烦躁、不满甚至敌对的情绪。因此,教室环境布置还应考虑整洁美观性。

3. 安全性

中小学班级是学生高度密集活动的场所,学生活泼好动,自理和自控能力较弱,要求班级环境布置要特别注意安全,包括班级各类设施的建材和工程质量、用水与用电安全、安全监控等;班级使用频率高的桌椅、黑板、多媒体等设施,要坚固耐用。班级环境安全既要在环境建设时多方面考虑,也要在使用中及时检查与维护。

4. 经济实用性

班级物质文化建设的经济实用性主要体现在两个方面:第一,班级设施与环境布置等经济实用,即教室空间、环境布置时间、设施与材料支出等各方面的经济性。班级环境布置应由师生共同设计,以自己动手制作为主,以达经济实用之效果,同时也锻炼学生的设计和动手能力。第二,班级设施等效用的经济性,通过减少班级设施的浪费,增加设施使用的多功能性,从而提高班级设施的效用。

① 林玉莲. 环境心理学[M]. 北京:中国建筑工业出版社,2006:113 - 118.

二、班级物质文化建设的问题

我国过去长期班级环境布置空泛，单一的标语一统天下，如教室都整齐划一地张贴“好好学习、天天向上”，“团结、紧张、严肃、活泼”。近年来，教室布置百花齐放，开始创建具有班级特色的班级物质文化，班级环境的育人作用越来越受到重视。但是班级环境布置又从“整齐划一”的极端走到了另外一个极端，教室环境布置存在诸多误区。

（一）班级精神的缺失

教室环境布置繁杂纷乱，不能凸显班级精神。一些教师认为要充分利用墙壁的空间，让每一片墙壁都能“讲话”。班级四周挂满了学习园、竞赛园、展示台、荣誉榜、班务栏、公告栏、名言警句……但缺乏主题、内容繁杂，没能体现班级理念与价值取向。一些班级照搬照抄一些格言警句或者名人名言，注重标语口号式宣传，缺乏对主题作进一步的阐释，使之具体化，对学生的影响不够深入与持久。

（二）教育理念的滞后

第一，基础教育改革提倡学生自主探究和合作学习，教师由传统的知识传授者、灌输者向学生学习的引导者、促进者的角色转变，形成一种全新的平等合作对话关系。然而，当前我国班级教室空间布局固定单一，如教室间的布局以普通教室和学科功能教室分设为主要形式，座位排列方式仍以固定单一的秧田式为主，教室空间布局限制、阻碍了学生之间双向交往与互动。人际交往常以教师对学生的单向交流为主导，生生互动交流受到忽视，形成人际关系地位和交流的隐性不对称。师生和生生人际交往是班级人际交往的主要形式，具有重要的教育教学意义，影响着学生学习、师生的情感体验等。第二，基础教育改革中一些综合型课程，如综合实践活动课程，因现存教室空间的不足而难以得到有效的开展，制约了学生创新精神与实践能力的培养。第三，班级环境布置受传统教育思想的影响，班级环境设计同质化、单一化，环境设计内容主要关注学生的学习，忽视了不同个性学生在生活、娱乐、交流等方面的多元需求。有的教室布置在应试教育思想影响下,片面追求升学率的色彩仍较重。

(三)"以生为本"的缺乏

我国班级环境设计缺乏"以生为本"。一些班级教室布置根据学校和教师的意志,根据时令节日、社会热点、教学内容,选择教室布置的主题,不是全体学生共同出谋划策,而是由少数学生干部完成,没能充分发挥班级环境创设的教育价值。一些班级环境布置内容单调且形式陈旧,有的教室标语、图片虽多,但主题单一、内容空泛,对学生缺乏吸引力。一些标语内容过于深奥玄幻,学生难以理解。例如,某班悬挂"人生到处知何似,应似飞鸿踏雪泥"的标语。学生不懂它的主旨所在,其教育作用就难以发挥。此外,班级环境布置对健康舒适性缺乏充分考虑,如室内照明不足或过强,教室过于拥挤等,这些对师生的行为与情绪都会产生消极影响。

(四)文化艺术性的缺失

由于缺乏文化自觉,一些班级并没有将班级环境布置的精神植根于特定的地域和学校的文化传统之中,没能真正体现本班文化的精神。班级环境布置千篇一律、机械模仿、单调乏味,看不到班级文化的特色风格,体验不到任何文化底蕴,学生难以找到文化的归属感。班级物质环境布置规划不科学,缺乏整体感,繁杂纷乱、五颜六色、花里胡哨,没有考虑到对学生视觉的影响。

(五)实用性的缺失

一些班级物质文化建设还存在"华而不实"的现象。一些班级精心装裱名人名言或者格言警句,甚至是一些书法家的墨宝。一些卷轴或者条幅选用字体时采用了行草的字体,追求艺术效果,学生根本看不懂,教育价值难以发挥。①

---

① 宋宏雄,张庆录.教室育人环境与班级文化建设刍议[J].河北师范大学学报:教育科学版,2009(4).

第三节　班级物质文化建设的内容与策略

教室是班级学生学习活动的主要场所，教室的布置是班级物质文化建设的最重要组成部分。教室环境建设体现班级的外在形象，承载班级精神文化，体现班级成员的价值取向、审美观，体现班级的整体风貌，并体现班级环境育人的宗旨。

一、教室间布局

教室间不同的布局方式隐含着不同的教育意蕴，主要有以下三种教室间布局类型。

（一）综合教室型

综合教室型是指班级所有的教学活动都在一个教室完成。这种布局比较适合小学低年级班级教室布局。因为这种教室布局学生很少需要在教室间流动，学生比较容易熟悉教室环境。这对年幼的低年级学生而言特别有利，能增强学生对于班级环境的领域感、安全感与自信心，有利于低年级学生在不同教学活动之间实现顺利切换。另外，低年级学生对教室专业性功能要求相对较低，综合教室一般可以满足他们的需求。但是这种类型布局教学同质化程度高，可以高效、经济、大规模培养同质人才，却不利于教师进行弹性多元教学，不利于学生的交流与合作等，难以适应当代对人才规格的多元化的发展趋势。

（二）普通教室与学科专业功能教室分设型

每个班级有一个固定的普通教室，大多数课程，尤其是学术型课程在本班普通教室上课，一些班级共用学科专业功能教室，如音乐教室、实验教室、劳动技术教室等。教室间布局一般由走廊联结数个教室，普通教室与实验教室分设，甚至单独成楼，如教学楼（普通教室）、实验楼等。这类布局是我国学校中最为常见的班级教室间布局方式，因为专门的学科专业功能教室可以满足学生在某些课程上对教室专业性的功能需求。学科专业功能教室归学科教师专属,也有利于学科教师的教学准备和教室布置。另外,普通教室与学科专业功能教室之间干扰小。但是学生大多数时间在本班普通教室学习,不利于学生多方面发展;学生需在课间频繁移动,从普通教室到学科专业功能教室,课间走廊上人流密度过高,容易造成拥挤现象。

(三)班群教室布局型

班群教室布局型是由几个班级教室和附属空间组成的一个开放式班级教学空间。这一类型教室布局日益受到关注。依据实际教学需要,在附属教学空间中一般设置学习空间、资源中心、展示角、表演角、游戏角、教师工作室、生活角等,与几个班级教室一起共同构成了一个教学与生活功能相对完善的班级学习区域。附属空间一般位于由几个班级教室围合形成的空间的中央或一侧,常用可移动的屏风或隔墙等对空间进行分隔,可提供共享空间、多元学习和灵活教学,可实施多种丰富的教学模式和学习方式。班群教室布局型,使空间功能可以随着不同学习任务的需求而灵活改变,极大地丰富了学生的学习方式与教师的教学方式,例如,可进行自主学习、任务式教学、跨班合作学习等。增加的学习资源、自我表现的舞台和丰富多元的学习空间,有助于提高学生学习的积极性与主动性,有助于不同班级学生之间的交往与合作,也给教学活动的实施带来了诸多便利,并为学生的课间休憩提供了舒适的环境,给学生营造家一般的温馨舒适感。

班群教室布局型也存在活动与声音干扰、空间管理难度提高、教师之间需要合作协调等问题。此外,从学生成绩的角度来看,班群教室布局型对那些自制力较差的学生来说,可能会把大量时间浪费在无目的的闲逛和交往上。因此,从这一角度分析,在传统教室里的学生可能会比开放性班群教室里的学生成绩好,然而后者却更多地促进了学生其他方面能力的发展,例如:动手能力、独立思考能力、交往能力、创造力等。

当然,其他还有诸如厅型、分散布局型、大学校园规划型等多种班际教室布局类型。总体来说,我国班际教室布局方式仍以普通教室和学科专业功能教室分设型为主,整齐划一的教室加上走廊的配置,这种布局方式仍然具有工业化时代人才同质化培养的典型特征。当然需说明的是，适合某种教学方式的设施布局，其功能可能还适合其他一种或多种教学方式的需求。对于具体学校而言，往往会采用其中的一种或者两种教室间的布局方式。①

二、教室内布局

教室内基本设施的布局，特别是学生座位等关键设施的空间分布方式，它们隐含着不同的教育意蕴，反映了教师所持有的不同的教育理念。教室的设施布局尤其是座位安排，会对师生的教学活动、师生和生生交往等产生潜隐的影响，并最终会影响学生的学业行为和结果。总的来说，教室内的布局主要涉及各类设施的布局、教室空间的密度与拥挤感、学生座位编排、教室墙面布置等方面。

（一）教室设施及功能区域的布局

根据教室实际使用功能、班级成员的价值追求、教育理念和审美情趣，以及教室场地、资金等，设计教室内设施布局，一般有以下主要的功能区域。

1. 图书角

班级可设置开放式图书架，放置一些图书资料，供学生阅读，营造一种求知探索、奋发向上的气氛，激励学生勤奋学习、探索知识、追求真理，养成良好的读书习惯。书籍是人类的精神食粮，对于正在长知识的中小学生来说尤为重要。在课堂教学中，学生只能接受有限的知识，班级的图书角可以满足学生的阅读需求、拓展学生的视野。班主任可以通过各种行之有效的方法来收集丰富的图书、报纸、杂志等，然后由指定的同学进行管理和监督，学生可以自由地阅读自己感兴趣的图书资料。然后可以定期地举行各种读书心得交流活动，促进学生的知识交流，充分调动学生的积极性，使图书角充分发挥其应该有的文化资源作用。

① 邵兴江. 学校建筑研究：教育意蕴与文化价值[D]. 上海：华东师范大学，2009.

2. 媒体设施区

一般在教室内安装有计算机、投影仪、互联网等设施，以满足教师对多媒体教学的需求。信息技术的迅速发展与教育的日益信息化，改变了班级教育对环境的要求。班级环境规划与设计要关注信息化时代学习者对空间的不同需求，营建随时随地学习的建筑空间，配备电源、无线网络等。

3. 自然角

在教室里添置一些绿色植物来绿化美化教室，丰富教室的学习空间。这使教室看起来有生机，避免单调、枯燥、乏味，调节师生心情，减轻师生班级生活的疲劳感，体现师生的生活与审美情趣。有些班级放置一些“人格化”的花草树木，如梅、兰、竹、菊、松等，激励学生提高自身修养、奋发向上。

4. 活动区

班级活动区主要包括教室内过道、半室外空间等，如游廊、露台和阳台等，这些区域除具有交通功能以外，还是师生室内休闲、交流和活动的场所，是学生之间相互沟通、学习和进行德育宣传的重要平台，学生可以在活动区调节放松情绪，营造出舒适的感觉。

（二）教室空间的密度与拥挤感

教室空间密度和拥挤感直接影响学生的行为、学习效率、身心健康发展等。比如，空间密度过高和过度拥挤，学生攻击性行为、任务错误率等会上升。教室空间布置应尽可能地尊重师生对空间的个人需求，给予充分的活动空间以不至于拥挤，以免影响课堂教学活动的开展和限制师生、生生之间的交往。根据学生对空间的需求和班级人数的多少，通过合理规划为师生提供最佳的班级密度，避免班级的过度拥挤。目前世界主要发达国家均竞相将班额控制在 30 人以内，班级人数过多往往大幅度降低教学的有效性，当然这也要根据各国各地区的经济状况和实际情况。此外，在班级面积和人数无法改变的前提下，可以通过班级空间的布置、空间绿化美化、合理规划功能区域布局与人员流动等，降低师生心理上的拥挤感。

(三)座位编排

座位编排是指学生日常座位次序的空间编排方式。课堂教学是学校教育的主要形式,座位编排方式突出地体现了班级的教育教学思想,直接影响学生的课堂学习行为与效果,以及课堂交往和人际关系等。座位编排方式主要有秧田式、小组式、圆形、马蹄型(U型)等排列法。

秧田式排列法是最为常见的传统排列方式,这一编排方式体现了以教师系统传授知识为主要形式的传统教育。所有的学生面向教师排列,易于教师有效控制学生和知识的高效系统传授,不利于学生之间的交往与沟通。教师与不同位置学生之间的人际距离、互动频率与信息传递的效果有差异。亚当斯和比德尔(Adams & Bicldle)研究发现,在课堂教学中秧田式教室布局的前排和中间座位属于“活跃区”,这一区域的学生参与课堂活动以及与教师交流的时间和次数明显高于教室后面和旁边的学生。阿加瓦尔和辛格(Aggarwal & Singh)研究发现,选择坐在后排的学生具有较低的自我概念,并容易受到外界激励因素的引导,而坐在前排的学生则具有较高的自我概念与内在动机。索姆尔研究发现,教室前排学生具有学术性倾向,而教室后排学生更具有社交性倾向。

小组式、圆形、马蹄型(U型)等排列法体现学生自主合作学习的现代教育思想,反映基于解决问题的学习、基于案例的学习、拓展性学习和基于项目的学习等学习方法对班级座位布局的需求,关注个体与个体、个体与集体之间的相互对话与合作交往。因此,在空间需求上突破了传统课堂教学中教师一对多的模式,而是依据学生个人需求、学习内容、外部条件等确定学习空间的具体规模与样式,要求学习空间具有一定的灵活性、多组合性。小组排列法是将座位排列成若干小方阵,每个方阵有4－6张桌子构成,这种排列法有利于小组学生开展自由讨论、合作与交往,教师巡查指导各小组的活动。马蹄形的座位布局,教师位于教室的中央,学生围坐四周,适合于各类课程资源的有效展示,教室中的学生相互面对面,也有利于各类交流与讨论活动的开展,体现了发挥学生积极主动性的设计思想,而空间资源分配也基本可以做到平分共享。圆形排列法即把桌子排成圆形,教师讲台摆放位置由中心到角落,从而在环境上营造平等对话的教学气氛,有利于学生合作、展示学生自己的才华。[①] 圆形或近圆形座位布局,有利于师生、生生之间的相互交流,但教师未能步入中央,因此,学生与教师之间的人际距离也并不相等。

教师需要依据课堂教学与学生的实际情况灵活安排座位,以促进教育活动的开展,没有哪个特定的座位安排可以适合所有课程或所有学生。教师应依据课堂教学活动的实际需求,有针对性地调整座位布局,提高班级空间的灵活性,使其可以适合不同规模教学的需要,既可以开展大组教学,也可以进行个别化的指导,活动墙应更多地运用于教室室内设计。

此外,学生座位编排要从学生身心发展的角度加以考虑,要兼顾学生的身高、视力等身体情况,以及学生的性格、气质等心理因素,如将性格、气质不同的学生结合为同桌,遵守纪律和自我约束较弱的学生结合为同桌,学习能力强的与学习能力较弱的结合为同桌,某些内向或沉默的学生可以将其安排在教室的中心位置,从而使其更好地参与课堂交流活动,这样编排有利于学生优势互补、互相制约、共同发展。

(四)教室墙面布置

班级环境布置应提供适宜的学习环境,可在教室四壁和主要廊道,设计立体的展示空间,形成一个"会说话的墙",在"此时无声胜有声"中对学生起到规范性、劝导性、启发性、调适性或激励性的育人作用,激发师生的求知欲、成就欲与创造热情,促进他们积极进取、规范自我,从而促进学生良好思想道德品质的形成。当然班级教室墙面布置应在因班制宜的基础上讲究艺术性与实用性的结合,原则上宜精不宜多,更不宜泛滥,应尽力避免因杂乱无章的各类图文符号而导致的视觉污染与视觉疲劳。在注重育人性的同时,应考虑展示方式的大方性、可接受性、生动性、美观性与高雅性。班级墙面布置主要包括以下几方面内容。

(1)体现班级理念、精神、形象的标识,如班歌、班旗、班训等。班训、班歌、班标、班旗等是班级精神文化的集中体现,应放置在班级醒目的位置。有的把班训写在班级正面黑板上方的墙上,或制成匾额或书法作品

---

① 李学农.班级管理[M].高等教育出版社,2010:169-170.

悬挂在黑板上方的墙上。班旗一般也悬挂在黑板上方的墙上。班歌一般贴在班级旁边的墙壁上。

(2)激励陶冶学生的格言警句、图片标语等,以及学生自己根据班级情况创编的班级宣言等。一般可以选择格言警句或名画,如张贴屠格涅夫的名言“生活中没有理想的人,是可怜的人”,激励学生树立远大的理想,并为之奋斗;如悬挂《蒙娜丽莎》等世界名作,在日常班级生活中渗透审美教育;也可以是学生自创的班级宣言,激励学生积极向上。

(3)学生自己创作的墙报。墙报是学生自己创作、展现自我的平台,也是源自学生内心并给学生带来乐趣和知识的舞台。我国传统教育中,学生展示自己的时间和空间较少,而教室是学生生活的主要场所,墙报正好为学生提供了一个展示交流的平台。墙报的设计和制作应该由学生完成,教师应该以平等的同伴身份参与,以建议的方式给学生引导,不宜过多干涉。墙报的主题应该是明确的、鲜活的、具有教育意义的,形式多样,不拘一格,或者举办系列主题墙板,或关于学生关心的热点问题等。教师可以引导学生从日常生活发生的实例中提取,也可以从媒体反映的焦点问题里提炼,引导学生对日常生活予以认识与反思,关注日常生活中的兴趣点和成长历程,引导学生健康成长。在具体内容的选择上,教师应集思广益,充分发挥学生的主动性、积极性、创造性。在墙报创作的过程中,通过学生之间的交流与合作,提升班级凝聚力。

个性独特、展示自我的角落——墙报的魅力

这是发生在N市某中学L班的一个真实故事。该中学是一所普通高中,综合实力在N市大概处于中下水平,L班则是该校中所谓的“差乱班”,也就是说,年级里其他班级“管不了”的学生统统由这个班来容纳。大家可以想象,这样的班级一定是学校的“刺头兵”,当然是没什么值得大家学习的可能。然而,谁曾料想,L班竟然成了学校赫赫有名的特色班级,何以如此?其中有一招就是,特色、个性的班级墙报吸引了人们的眼球,团结了班级人员,展现了每个学生的特长。

五四青年节又到了,学校组织各班级进行班级墙报大赛。

L班开始悄悄策划，所有学生都行动起来了，大家群策群力，各自拿出好主意，几乎每个人都参与其中，不亦乐乎。最后，同学们决定，要想在有限的板面上争取最好的宣传效果，凸显墙报主题，只能通过"美术"来完成这个力作。大家力荐班里在美术方面有特长的同学来做墙报的主力，然后确定主题是五四青年节，那么就一定要凸显青年人的个性和特有的蓬勃朝气，经过仔细推敲，墙报题目定为"青年们，站起来"。

接下来的工作便是具体设计，几位"小美术家"们茶余饭后都在竭力构思，放学后还在一起商量，有的时候难免会意见不合，但是大家总能在关键的时候找到合适的解决方案。最终大家计划选定12个青年人作为这次墙报的主体内容，以直观的画面来表达最鲜活的主题。同学们这才开始动手画，其他的同学有的做"小画家"的助理，有的制作墙报的其他小板块，有的在吃饭时负责给大家"粮食运输"。每个人都在忙碌，同学们劲头十足，干得热火朝天。谁说他们是"差乱班"？

经过多日的辛苦劳作，L班的墙报大作成功出炉，在学校墙报大赛中荣获特等奖，这么好的结果确实是大家始料未及的。同学们别提多高兴了，班主任老师作为"幕后总指挥"更是高兴得无以言表。

通过这次墙报大赛，L班再也不是学校眼中的"差乱班"了，大家对其可谓是刮目相看。L班的同学从此也自信起来了、团结起来了，成为了学校的"明星班"，并积极探索进步的其他方法，班级在不断摸索中进步着。①

(4)规范学生行为习惯的学生守则和班级规章制度、班级日常事务的通知告示等。如班级的作息时间表、课程表、座次表、值日表等相应表格，以及班级的活动通知等。

(5)展现师生风貌和成果的作品展廊、板报、学习园地以及荣誉

① 齐学红. 班级管理[M]. 武汉：武汉大学出版社，2011：123－125.

榜等。

"乐观、豁达、积极、向上"是我的治班理念。因此，我特别注重育人氛围的营建，让教室的每一个角落都成为教育学生的阵地。我们班的教室，前面黑板的左侧是一幅中国地图，上书"胸怀祖国"；右侧是一幅世界地图，上书"放眼世界"。后面黑板除了板报外，占据最大面积的就是"光荣榜"，上面是每周评出的班级"进步之星"和"感动班级人物"。教室里还适时更换催人奋进的名言警句，使教室成为学生最向往的地方。

浙江省嘉善高级中学的教室布置①

甘肃省静宁县威戎小学三(1)班教室布置②

总的说来，近年来教室布局有向学习空间转变的趋势，以班群教室布局型的多功能开放式教学空间，取代了由走廊连接普通教室与学科功能教室的封闭型空间形式；马蹄型、圆形等灵活多样的座位编排方式，取代了单一秧田式的座位编排方式。教室不再是传统的知识授受式的教学空间，而是日益成为学生随时可以进行各类学习与活动、交流与合作的支持中心与资源中心。教室空间布局日益体现个别化教学、有效教学、反思性教学的发展趋势。适合个别化教学的教室空间布局，除主教室外，一般还

① http://www.jiashanedu.net/xinwen/display.php? id=14923
② http://xywh.jingningedu.com/view.php? id=1314

设有适合个别辅导与自学的小空间,例如凹室。而教师的准备室也常常与教室毗连,方便提供个别指导。适合有效教学的教室空间布局,关注教室设施的布置,有利于“真实情景”的课程资源的呈现,并且便于学生接受。适合反思性教学的教室空间布局,常设有可供不同规模小组研讨的弹性空间,教室设施是方便移动的,并提供图书与网络等学习资源的支持。教室空间环境富有生活化和人情化,教室布置空间形式、色彩、造型多样化,重视教室环境和班级气氛对学生心智与情感发展的影响作用。①

此外,住宿制学校的学生寝室环境设计也是班级文化的重要内容,具体体现在寝室墙面文化、空间布局等。寝室环境的布置也应承载班级精神文化,遵循班级环境布置的基本原则,体现班级精神、价值取向、审美情趣等。

小 结

班级物质文化是指班级有形的实体文化形态,满足班级成员的实用需要,并蕴含着特定的教育理念、价值追求和审美旨趣的文化形态,是班级文化存在和发展的物质基础和保障,同时也是班级文化的物质载体。教室是学生学习的主要场所,教室的布置是班级文化的最重要组成部分。班级物质文化具体体现在教室墙面、角落等教室实物的摆设、布置,这些实物布置承载班级精神文化,体现班级成员的价值取向、审美观。班级物质文化具有教育性、实用性、人文性特征,具有表达、教育、审美功能。班级物质环境具有多方面功能:班级物质文化的表达功能体现在其作为一种物质文化所承担的载体内容的表达。班级的物质文化环境是学生进行生活体验和接受教育的场所,物质文化环境作为一种载体文化具有深刻的教育内涵。其审美功能体现在其可以培养学生的审美能力,提升学生的审美水平。

班级物质文化建设应遵循以下基本原则:整体规划,富有创意;体现班级精神,具有教育意蕴;文化艺术性;以生为本;科学舒适,实用安全等。

① 邵兴江.学校建筑研究:教育意蕴与文化价值[D].上海:华东师范大学,2009.

目前，班级物质文化建设存在班级精神的缺失、教育理念的滞后、文化艺术性与实用性缺失等问题。班级物质环境建设的内容主要包括教室间布局、教室内布局。教室间布局主要有综合教室型、普通教室与学科专业功能教室分设型、班群教室布局型三种类型；教室内的布局主要涉及各类设施的布局、教室空间的密度与拥挤感、学生座位编排、教室墙面布置等方面。

思考题：

一、名词解释：

班级物质环境

二、简答题：

1. 简述班级物质文化的主要表现形式。

2. 简述班级物质文化的基本特征。

3. 简述班级物质文化建设应遵循的基本原则。

三、案例分析：

请运用班级物质环境建设的相关理论，对某班教室环境布置进行评价。

四、课堂实践：

就中小学的某个班级为例，设计班级的教室环境。

参考文献：

[1]赵中建. 学校文化[M]. 上海：华东师范大学出版社，2004.

[2]宋宏雄，张庆录. 教室育人环境与班级文化建设刍议[J]. 河北师范大学学报：教育科学版，2009(4).

[3]王冀生. 现代大学文化学[M]. 北京：北京大学出版社，2002.

[4]齐学红. 班级管理[M]. 武汉：武汉大学出版社，2011.

[5]杨松林. 优化教育环境 培育班级文化[J]. 广西教育，2003(15).

[6]姜永杰. 论学校物质文化[J]. 南京邮电学院学报：社会科学版，2001(4).

[7]季苹. 学校文化的反思与重建[J]. 人民教育，2004(2).

[8]李文萍.班级文化建设的内容及其特征[J].教学与管理,2004(12).

[9]马海林.构建班级文化生态圈[J].教学与管理,2008(1).

第四章　班级制度文化建设

在“对话”中制定班规①

新课改强调，教师要与学生平等对话，合作互动，实现教学相长。班规制定也应体现这种对话精神。

(1)班规应在师生共同商议的基础上制定而成。民主的班级规章制度，大多是在师生共同商议的基础上制定而成的。那些遭到学生抵触的班规，大多是由班主任独自制定的。

(2)班规的约束主体应包括学生和教师。班规中应写入与教师相关的条款，这是师生人格平等的一个重要体现。在班规中，我们常要求学生尊敬师长、按时上交作业、知错能改等，事实上我们也应要求教师尊重学生，不侮辱、不体罚学生，及时批改作业，及时反思教学并改进等。正如北师大校训所说，“为人师表，行为世范”。

(3)班规应倡导平等与尊重，表述应富有亲和力。不少传统班规往往把学生推向教师的对立面，其文字表述的主要特点为禁令式的权威、模糊不确定以及精神恐吓。制定班规时，应该采用正面语言加以引导，这既是对学生的尊重，也能有效消解禁令式的压抑性权威。

(4)班规不等同于处罚条例，应注重正面引导。为了便于对违纪学生进行管理，不少教师常倾向于把班规制定成处罚条文。有的甚至涉及被明令禁止的体罚或罚款。一份成功完整的班规，应涉及学生岗位职责制、学生日常行为标准、教师岗位职

① 熊华生．班级管理智慧案例精选[M]．上海：华东师范大学出版社，2011：69－83．

责制、教师日常行为标准、教学问题解决方案五个方面，既要包括对学生思想、行为的正面引导，又要包括对教师的要求。

(5)老师应带领学生详细解读班规。班规制定之后，班主任往往先让班干部在班上宣读，然后将其张贴在教室里，至此，班规就算具有了规约效力。但是，这种做法极不利于学生对班规的理解，甚至会激起学生的抵触情绪。即使是在"对话"中产生的班规，班主任也应利用专门的时间与学生共同解读，一是解读制定班规的指导意义及思想，二是解读班规的实施方法，重点应对师生的责任、日常行为等进行正面引导。

新课改背景下的班规制定应体现对话精神，强调尊重多元文化。班规的制定，应体现师生参与对话，共同建构。对话的最终目的是要达成师生间的共识——这种共识不是在强迫的基础上达成的，也不能要求学生当时就接受。

第一节　班级制度文化概述

班级文化由精神文化、制度文化、物质文化三个结构层面组成。在班级文化结构中，精神文化是灵魂与核心，物质文化是形式和条件。作为物质文化和精神文化的中介，制度文化是将班级文化的精神追求转化为具体的物质文化环境和师生行为方式的保障系统与实现途径。它在协调班级成员个体与群体的关系，以及保证班级的凝聚力方面起着不可或缺的显著作用。

一、制度、制度文化与班级制度文化的内涵

制度是为决定人们政治、经济、社会相互关系而人为设定的一系列约束，目的在于约束、规范人们的相互行为，是一个社会的结构和游戏规则。制度文化是一个比制度的内涵更深、外延更宽的概念。制度文化不仅包括制度本身以及制度理念和法治精神，而且还包括制度建立和实施的过程等。与制度相比，制度文化更强调制度所反映的社会精神与价值追求，

更关注制度如何将文化的精神追求转化为物质的文化环境和人们的具体行动。制度与制度文化是两个不同的概念,即使两个组织制度规定完全相同,其制度文化也可能大相径庭。

根据以上分析,我们对班级制度文化作出如下定义:班级制度文化是指班级的组织架构及其运行规则,以及这些架构与规则的形成过程、运行状态与实施状况。班级制度文化不仅包括班级发展过程中形成的班级规章制度、道德行为规范、班级纪律等内容,还包括这些规章制度的形成过程、班级内部组织与个人对待规章制度的态度,以及遵守、执行规章制度的情况。班级制度文化作为班级文化的组成部分,既是精神文化的产物,又是物质文化的工具。①

班级规章制度是班级制度文化的重要组成部分,作为一种班级文化制度应是一个集体自主内化的制度。班级制度文化建设的最终目标是使班级制度为班级成员所认可、接受、内化,从而自觉规范自己的行为。因此,在班级制度的生成层面、内容层面、实施层面应不断地重构和创新,从而使班级制度文化的建设得到丰富和发展,并最终推动班级文化管理向高度自主和自治的良性化方向发展。

二、班级制度文化的特征

班级制度文化是班级文化的重要组成部分,是维系班级正常秩序所必不可少的保障,是班级文化建设的关键,是班级精神文化与物质文化的契合点,是人与物、人与班级运行制度的保障,具有规范性和强制性。因此,班级制度文化既有制度的性质,又具有文化的性质,其主要体现在以下几个方面。

(1)规范性。班级制度文化的规范性首先体现在通过班级的规章制度明确班级成员日常行为准则,对班级成员行为进行约束,维系班级正常的教育教学秩序,保障班级教育教学活动的顺利开展,为班级文化建设提供制度支撑。中小学生是发展中的人,学习阶段是行为习惯养成的关键

① 万健,卢忠菊,赵烨烨. 文化结构视角下的大学制度文化建设[J]. 中国高等教育,2012(19).

期，班级制度文化建设对于规范中小学生行为和良好行为习惯的养成至关重要。其次，班级制度文化通过制度的实施过程，通过学生接受并内化制度，在精神层面形成一套正确的价值标准，引导学生向符合社会和人性的方向健康发展。中小学生尚处于价值观形成时期，更需要正确的价值引领。

(2)强制性。班级制度以班级各种章程规定的形式存在，一经确立就具有权威性，强制要求班级所有成员服从与遵守。班级制度为班级各层级成员、各方面规定了一系列的行为标准，并提供了行为评价的准绳，制约着班级成员并要求其严格遵守。随着班级制度为班级成员所接受、认可，外在的强制性的约束行为逐渐内化成学生内在的自觉和自律行为，学生的行为从他律走向自律。

(3)独特性。班级的各种规章制度对规范班级的教学秩序、达成教育教学目标起着保障作用。就班级制度层面而言，其内容除包括国家及各级教育机构制定的各种规章制度外，还包括班级结合自身情况制定的相关规定。来自不同班级、不同家庭背景的学生，在行为和价值观念上存在不同的问题，班级制度的形成过程与实施过程也存在差异，因此，班级制度具有多样性和复杂性，由班级制度引申出的班级制度文化具有一定的独特性色彩。

(4)工具性。班级制度是衡量与评价班级成员各种行为的准绳，是协调班级内外部各种关系的有力工具。为使一定的行为准则固定下来，便采用班级制度的形式对行为和观念的某些方面进行约束，通过讲解、学习、评价等形式规范成员行为，使其内化于班级成员心中，使之成为学生在日常行为中自觉遵守的规范，从而更好地协调班级与学生、班级与老师、班级与社会的关系，促进班级的良好发展。

三、班级制度文化的结构和功能

班级制度文化作为班级文化的组成部分，有着自身的结构。我国学者曾小华提出，制度文化的结构包括三个层面："一是传统、习惯、经验与知识积累形成的制度文化的基本层面；二是由理性设计和建构的制度文化的高级层面；三是包括机制、组织、设备、设施等实施机制层面。其中制度文化基本层面是一个自生自发的规范层面，反映着价值观念、道德伦理、风俗习惯等文化因素。制度文化的高级层面则是一个人类有意识、有目的的理性设计和建构的制度层面，反映着一个社区、一个社会、一个国家经法律制度确认的政治、经济、文化等制度层面的内容。制度文化的基本层面与高级层面是相互统一与协调一致的，是实现制度文化功能的关键。”①

(1)教育功能。班级制度本身就是重要的教育资源，能增强人的权利意识、自主意识和责任意识，具有教育价值。班级制度文化通过约束、导向、激励等功能的发挥，使人们树立正确的价值观念，使人们能够明辨是非，促进独立思考能力的发展。此外，班级制度的制定和实施过程同样具有教育价值，可以促使学生形成正确对待班级制度的态度，形成理解与内化班级制度的内在伦理价值取向。

(2)约束功能。班级制度文化在形成之初便以班级制度的形式约束班级成员的行动，各种规定为班级成员提供了基本的行为规范，如同一张无形的网，确定了班级成员的行为界限，维护着班级正常的秩序。在班级制度的权威性得到尊重的前提下，班级成员自觉遵守各项规定，以班级制度约束自身行为，使制度要求真正成为自身的行为规范。

(3)激励功能。班级制度文化在约束人的同时也发挥着激励作用，其通过各种制度的规定，鼓励班级成员积极主动去实现班级的教育目标。制度本身是一种评价学生行为的工具，通过明确的奖惩标准与手段，鞭策着班级成员努力奋斗，使自己的奋斗目标与班级的发展目标相一致，激励班级成员不断进步。

(4)导向功能。班级制度文化的导向功能主要体现为促使班级各群体成员认同班级的教育目标。通过一系列班级规章制度的建设和实施，将班级成员的行为纳入一定的轨道中，达到规范班级成员行为的目的，以维持良好的班级秩序，保证班级各项工作的有序开展。在保证学校的制度得到实施的情况下，班级能够根据自己的具体情况制定相关的班级制度规定，使班级的制度文化独具特色，并通过制度文化的导向功能的发

① 曾小华. 文化、制度与制度文化[J]. 中共浙江省委党校学报，2001(2).

挥,促进班级的不断发展。[①]

第二节 班级制度文化建设

一、班级制度文化建设的重要性

班级制度文化为促进班级共同目标、共同理念、共同价值追求的形成,为最终形成班级良好的生活方式、行为方式和环境文化氛围,提供坚实的保障。因此,加强制度文化建设对于班级文化具有重要意义。离开制度文化,班级文化建设将不可避免地陷入空洞化与形式化。

班级文化建设空洞化,主要表现为班级文化建设脱离班级师生精神生活的实际,脱离班级的理念、愿景、精神以及价值追求等,仅仅停留在"纸上"或"口号"上,没有能够转化为班级及其成员真正意义上的行为规范和行为方式,无法让班级精神文化真正融化到师生的心中。而班级文化建设形式化,主要指班级文化建设停留在物质形式本身,将物质形式本身当作是班级文化建设的主要途径、目标和内容,物质文化缺乏精神内核、缺乏顶层设计,不能很好地体现班级的精神追求与价值取向。班级文化形成的过程是在班级制度的保障下得以实现并得到发展、深化,在这个过程中,班级制度自身的质量也会不断得到提高。班级制度作为班级生活基本的规则,是班级各项工作活动顺利开展、有序进行的机制安排与体制保障。如班级卫生制度、班委换届选举制度等。正是有了这些制度,班级的日常管理才能分工明确,活动的组织开展才能秩序井然,班级成员才能各司其职,班级文化建设才能正常进行。

班级文化建设的空洞化与形式化是同一问题的两个方面,其根源是制度文化建设滞后。班级制度文化建设滞后性,使得班级缺乏一套制度系统来将班级文化的精神追求转化为具体的物质文化环境和师生行为方式。

在班级文化结构中,制度文化是班级精神文化与物质文化的中介。

① 俞清臣,卢元楷.学校文化学[M].北京:北京师范大学出版社.2010:85-86.

缺失了制度文化，班级的精神文化就只能停在表面上，而不能落地生根。同样，当精神文化不能传递到物质文化层面，变成物质文化的精神内核时，物质文化建设就不可避免地走向空洞化。班级制度文化建设滞后主要表现在两个方面：制度理念落后，制度执行不力。制度理念的落后主要体现为“法治”意识淡薄，“人治”思想根深蒂固。在班级内部，规章制度在一定程度上还仅仅是管理的工具，规章制度存在的价值主要还在于班级管理的需要，制度的随意性较大，尊重规章、维护制度、照章办事的班级制度文化远未形成。在执行层面，班级内部规章制度不能形成有效的约束力，同时，班级的教育理念、发展目标、价值追求等没能充分地转化为班级的制度要求。①

班级制度文化建设是班级文化建设的关键环节和重要保障。班级制度文化建设的滞后，导致班级文化建设缺乏顶层设计，不能形成有机整体，从而降低了班级文化建设整体的层次和水平。

二、班级制度文化建设的原则

（一）体现班级精神

班级制度是体现班级核心价值观、实现班级目标和愿景的保障系统。在制定班级制度时，班主任应组织班级成员结合班级实际情况一起讨论、研究、制定有班级特色、符合学生发展实际情况的制度，并赋予其班级个性，体现班级精神。

北京师范大学大兴附属中学的姜雷老师在这方面就做得很好。姜雷老师与学生一起制定了一系列以班训为指向、健全完善的、能够塑造班级形象的班级自治管理制度，如“值日班长制度”、“学习小队竞争管理制度”、“班级量化管理自治制度”。这些制度无一不突出“学生自治”，通过实施这些制度，每位学生

① 万健，卢忠菊，赵烨烨．文化结构视角下的大学制度文化建设［J］．中国高等教育，2012（19）．

都有了充分锻炼、发展自己的机会，逐步实现了“自我完善、自我超越”的班训要求。这一系列班级自治管理制度，尤其是“值日班长制度”鲜明地体现了姜老师的带班理念，并为实现班级目标、形成班级精神提供了有力的保障，使得该班具有了独特的班级风采。

北京市大兴区垡上中学的于炳琴老师，她所带班级的班级文化的核心价值取向是“责任”，结合“责任”的内涵要求，她和同学们一起确定了“我的责任田”制度，即每名同学自己自愿认领班级卫生区作为自己的“责任田”，将卫生区分块，落实到人，并写下“责任田认领责任书”。这项制度实施以后，同学们都能保证自己认领的“责任田”的卫生，做事尽职尽责，而且还能提醒、帮助同学维护他人的“责任田”的卫生，渐渐形成了“班级的事就是我的事”的责任观念。这一张张责任书，就像一颗颗责任的种子，深深种到了学生的心里。

班级制度蕴涵、体现的班级教育理念、班级精神，能够让班级成员理解各项规章制度的内容，进而切实遵守规章制度。教师要加强对制度的宣传，引导学生对这些“共性”制度形成心理认同，只有将“你的要求”变成“我的自觉”，才能让班级成员自觉遵守，才能将强制性的制度要求转化为成员的自觉行动。这就是班级成员认同班级制度的过程，它也是班级个性化制度形成的必然路径。在学生接受、认可、遵守班级制度的过程中，制度的文化价值及其文化影响力也将得以传递和输送，进而影响学生，使他们朝着既定的目标发展，实现班级教育理念。所以我们还要通过多种渠道，如班级橱窗、墙报、板报、班报等，来宣传制度内容，通过多种活动，如学校组织开展的各项集体活动、班内各项常规工作、班(团、队)会等，以此增强成员的制度意识，渗透、强化制度观念，发挥制度文化的导向、激励、规范功能。①

① 李德善.神奇的教育场[M].重庆:西南师范大学出版社,2011:51.

(二)坚持以生为本

坚持以生为本,加强制度文化建设,就是强调班级一切制度都必须以学生为出发点和中心,围绕着激发和调动学生的主动性、积极性、创造性展开,体现学生的意志和需求,以班集体与学生共同发展为宗旨。班级加强制度文化建设,应确立以生为本的发展理念,充分尊重学生在班级建设发展进程中的主体作用与地位,将师生的发展和需求作为价值取向和价值追求,始终强调尊重、发展和维护师生的利益。加强班级制度文化建设,要重视学生的主体性地位,将他们的利益诉求作为规章制度制订的出发点和立足点。班级制度是教育手段,但绝不是以制约、管束学生不良行为作为目的的。积极的、富有激励性和引导作用的班级制度比严厉的惩罚手段更为有效。

为了促进班级学生良好行为习惯的养成,班主任和班干部一起制定了一个班级扣分方案,约束学生的行为。这一招刚开始的时候还真灵,纪律、卫生、放学路队的流动红旗都来到了这个班。可是渐渐地,老师发现了一个新的问题,以往同学们对老师、对班干部的信任、友好、热情被冷漠、厌恶和恐惧所取代,同学之间也变得互相猜忌、互挑彼此的缺点。于是班主任决定停止使用扣分方案,召开班委会商讨,将“扣分”变为“加分”。凡是学习好、纪律好、行为习惯好或没有受到违纪批评的学生都可以加若干分,来证明自己的自律能力强。这一决定立刻就得到了同学们的热烈响应,每到班会公开加分的时间,一声声“老师,快给我加分”的童声回响在教室里。一段时间过去了,班级不但又得了纪律、卫生的流动红旗,而且同学之间的关系更融洽了,班级又成了一个团结、和睦、友爱的大家庭。

“加分”和“扣分”,虽然只有一字之差,效果却迥然不同。站在欣赏的角度,尊重每一个个体,就能激励学生,促进学生各种良好行为习惯的养成。而用惩罚和命令的手段来强制、管束学生,只会让学生与教师的教育思想背道而驰,结果也许会适得其反。①

(三)充分发扬民主

充分发扬民主,使建章立制的过程成为师生共同意志形成的过程。“人人为自己立法”,这是人本立法观的深入体现。扩大班级规章制度制定过程的民主性与参与度,意味着通过看得见的规章制度制定程序使班级成员的诉求得到充分表达。加强班级制度文化建设,必须在遵守党和国家的法律法规、政策以及班级教育教学活动的客观规律的基础上,坚持民主、公开、平等、协商的原则,让更多的师生参与到班级制度的制定、修改和完善过程中来,让师生进行充分酝酿和讨论。马卡连柯认为,不应仅仅把纪律看成教育手段,它应是教育过程的结果。实现班级规章制度的制定者与执行者的统一,真正使班级的规则制度汇聚班级成员的智慧、代表班级成员的意见,切实增强规章制度的内在效力,共同民主创立班级成员认同的班级秩序,保证班级各项教育教学活动的正常开展和运行。

魏书生所带班级中的班规、制度全部都是由学生商议制定的,制度条款之细、范围之广,是很多教师所不及的。班规班法主要分两大类。一类是以空间为序的,制定的原则是:班级的事,事事有人做;班级的人,人人有事做。主要内容是岗位责任制,包括常务班长、团支部、班委会委员、值周班长、值日班长、科代表的职责等。另一类是以时间为序,制定的原则是:时时有事做,事事有时做。主要内容是以日、周、月、学期为单位,分别制定各种常规。每天、每周、每学期都该做些什么、怎样去做,都让学生有章可循。魏书生长期在外讲学,而学生依旧能够按部就班地依“法”治班,而且管理得头头是道、井然有序,这就是民主的班级制度在班级管理中的价值。

① 李德善.神奇的教育场[M].重庆:西南师范大学出版社,2011:50.

（四）坚持制度“刚性”

坚持制度“刚性”，切实加大班级制度的执行力度。班级制度文化最终体现为师生自觉执行制度。加强制度文化建设，需要严格执行规章制度，严格按制度规范约束师生的行为，严格检查、监督、考核制度的落实。班级制度执行需要注重普遍性、刚性和示范性。第一，普遍性。班级制度的公正性不仅体现在内容上，更体现在制度实施的过程之中，班级制度一经公布、生效，对全体师生就产生普遍的约束力，制度对事不对人，触犯制度就必须受到追究。第二，刚性。班级制度的有效性取决于制度是否得到有效、严格的执行和落实，加强班级制度文化建设，就是要树立制度的威信，加大对班级制度执行情况监察与管理力度，及时发现并惩戒违反班级制度的行为。第三，示范性。班主任、班干部必须身体力行，率先垂范，带头尊重制度，带头严格执行制度。班主任、班干部的制度理念和制度执行情况，在很大程度上代表了一个班级的制度化。

三、班级制度文化建设的实施

（一）班级制度的制定

“没有规矩，不成方圆。”因此，班级文化建设应该根据校纪校规，根据本班的实际情况制定一系列有利于班级健康发展的制度。如上所述，从班级制度的制定来看，应该是教师和学生全员参与制定班级制度。班级制度的存在是为了更好地服务于学生的发展，而不是一味地约束和限制学生的行动。学生是最具发言权的制度制订者和修订者。学生集体商议，确定最适合班级发展的各项规章制度，教师予以指正，充分展现学生的主人翁身份，这样有利于加强学生对班级及班级制度的认同感，在制度实施过程中会更积极地遵守规则，班级管理的顺利进行便有了有力的保障。

（二）班级制度的执行

必须落实好班级规章制度的执行情况。有很多班级“只打雷不下雨”,班级管理往往无法顺利进行下去,究其根本原因则是没有认真执行班级制度。一个制度制订出来之后,其正确性还要经过时间的检验,规章制度在执行过程当中被认同后就要强化落实情况。营造鼓励学生自觉执行规章制度的氛围,可以通过定期检查与评比,在强化制度的落实过程中帮助学生养成学生良好的行为习惯。

(三)班级制度的管理

加强管理程序的制度建设,强化对班级管理行为的约束,加强管理程序的规范化、制度化建设。建立起一套行之有效的“程序性规章”,从班级制度的草案、讨论、出台、试运行、回馈、修改直至最后的长期执行等各个阶段,都有明确的“程序性规章”加以规范。程序性规章制度的完善,能够最大限度排除恣意、任性和偏执,使班级制度的立、改、废“有法可依”,避免“言出法随”、“以言代法”、“以言废法”的现象。从整个班级管理过程来看,公正的程序能够极大地提升班级成员对班主任和班干部的信任,维系师生之间的良好关系,减少双方的摩擦。因此,公正的程序是班级管理效率提升的助推器。

(四)班级制度的修订

班级制度文化必须不断创新、与时俱进,但同时又必须保持班级制度的严肃性和延续性,避免朝令夕改。因此,我们在创新和建设班级制度文化的过程中,必须始终考虑如何才能让班级制度延续下去的问题。当前,加强班级制度文化建设,最重要的是要具备尊重制度、维护制度和严格执行制度的理念,使之成为班级传统、特色和文化的重要组成部分。其次,坚持公开公正的原则,及时调整、修正那些不合时宜的规章制度,以便更好地适应和促进班级各项活动的开展。皮亚杰说:“外部制约强加给学生的纪律只会停留在学生精神之外,基于相互尊重和合作的纪律才能植根于学生心灵。”一个班级如果没有一些合理的制度,那么这个班级的工作将无法顺利展开。但制度的确立与修订,应尊重学生的参与权和选择权,体现制度生成的民主性。

小 结

班级制度文化是指班级的组织架构及其运行规则,以及这些架构与规则的形成过程、运行状态与实施状况。班级制度文化不仅包括班级发展过程中形成的班级规章制度、道德行为规范、班级纪律等内容,还包括这些规章制度的形成过程、班级内部组织与个人对待规章制度的态度以及遵守、执行规章制度的情况。班级制度文化具有规范性、强制性、独特性、工具性等特征,具有教育功能、约束功能、激励功能、导向功能。加强制度文化建设对于班级文化具有重要意义。离开制度文化,将不可避免地导致班级文化建设的空洞化与形式化,其根源是制度文化建设滞后。班级制度文化建设滞后使得班级缺乏一套制度系统来将班级文化的精神追求转化为具体的物质文化环境和师生行为方式。班级制度文化建设应体现班级精神,以生为本,充分发扬民主,坚持制度"刚性"。

思考题:

一、名词解释:

班级制度文化

二、简答题:

1. 简述班级制度文化的基本特征。

2. 简述班级制度文化的功能。

三、论述题:

1. 试述班级制度文化建设的重要性。

2. 联系班级实际,谈谈如何进行班级制度文化建设。

四、案例分析题:

某校高一某班的班主任会同部分学生干部制订了一系列"班规",其中一条是每周学生"投票选举"一次课堂纪律差的同学。票数最多的"第一名"则被安排坐到了后排的特殊座位上,票数最多的前三名学生的名字被公布在教室的墙上。这种做法在班里引起了不小的争执，正反两方面的意见各执一词。持反对观点的同学认为这一做法严重伤害了学生的人格和自尊，而且造成了同学之间的互相猜疑和不信任。持支持观点的同学认为，这一做法对抓课堂纪律效果很好，保证大家有一个良好的学习环境。当地报纸以《全班投票选"差生" "丢脸式"教育引发争议》为题作了报道，班主任和校领导认为所谓"丢脸式教育"的说法纯属杜撰，班上有的同学自控能力差、上课爱讲话，任课老师和其他认真听课的同学意见都很大。有些老师反映，新方法实行后，课堂纪律确有明显改善；有些老师认为，老师上课管学生是负责任的表现，至于学生被点名批评，也不算丢脸。

利用所学知识，谈谈你对上述案例的看法。

参考文献：

[1]万健，卢忠菊，赵烨烨. 文化结构视角下的大学制度文化建设[J]. 中国高等教育，2012(19).

[2]罗尔斯. 正义论[M]. 北京：中国社会科学出版社，1988.

[3]陈桂生. 学校管理实话[M]. 上海：华东师范大学出版社，2004.

[4]杜洁，屈陆. 反思制度化学校生活对学校教育的异化[J]. 中国德育，2009(11).

[5]约翰·密尔. 论自由[M]. 程崇华，译. 北京：商务印书馆，1982.

[6]李德善. 神奇的教育场——打造特色班级文化创新艺术[M]. 重庆：西南师范大学出版社，2011.

[7][美]韦恩·K. 霍伊，塞西尔·G. 米斯克尔. 教育管理学：理论·研究·实践[M]范国睿，译. 北京：教学科学出版社，2007.

[8][德]恩斯特·卡西尔. 人论[M]. 甘阳，译. 北京：西苑出版社，2004.

[9]李德善. 从文化建设入手构建班级教育系统[J]. 班主任杂志，2008.

[10]俞清臣，卢元楷. 学校文化学[M]. 北京：北京师范大学出版

社,2010.

[11]魏书生. 班主任工作漫谈[M]. 桂林:漓江出版社,2002.

[12]刘怀忠. 谈班级组织的建立与管理[J]. 教育管理与评价,2004(1).

[13]李德善. 神奇的教育场——打造特色班级文化创新艺术[M]. 重庆:西南师范大学出版社,2011.

[14]王一多,孟昭勤. 从效率主义到以人为本——管理思想上的质的飞跃[J]. 西南民族大学学报,2007(1).

[15]王立华,李红双. 谈自主型班级管理结构形式的构建[J]. 教育探索,2002(2).

[16]王顺双. 构建和谐班级制度的理性要求[J]. 班主任之友,2007(4).

[17]杨晓雄. 我国中小学班级管理工作发展趋势[J]. 天津师范大学学报基础教育报,2006(12).

[18][美]乔纳森·特纳. 社会学理论的结构 下[M]. 邱泽奇,等,译. 北京:华夏出版社,2001.

[19]齐学红. 制度设计与自我呈现:学校德育模式的社会学视角[J]. 教育科学研究,2010(3).

[20]王晓坚. 严格的规章制度 宽松的人际关系[J]. 教育艺术,2002(11).

第五章 班级文化诊断、策划与建设实施

班级文化建设实践的个案研究①

班级文化建设具有很强的操作性,而关于班级文化建设实践的具体操作方法研究并不多见,案例着重介绍班级文化建设实践的操作方法。班级文化的核心是班级精神。从树立良好的班级形象开始,逐步培育和提炼班级精神。

一、班级形象的树立

湖南省益阳市南县北河口中学因经济落后、交通不便,学校整体教育水平不高。1998 年 12 月,周勇老师担任初中一年级 94 班班主任。经周勇老师初步调查,发现任课老师一致认为"一想到进该班课堂就不舒服"。周勇老师决定首先改变班级形象,希望以此来改变任课老师的看法。更为重要的是让学生在班级形象的塑造过程中,逐步形成良好的行为方式,带动班级文化的转型。

周老师通过一段时间的观察发现,94 班调皮学生多,但是调皮的学生思想活跃,往往能创造奇迹。于是,周勇老师决定采用迂回战术,避开学生学习成绩较差的问题,抓住学校这学期举行排球比赛的契机。班级男生喜欢打排球,实力较强,以他们在排球赛中得胜作为改变班级形象的突破口。在刻苦训练的同时,周勇老师将1998 年足球世界杯主题曲《生命之杯》中的"GO GO GO"作为班级啦啦队的口号。比赛中,这一口号震慑了对

① 周勇.我是怎样建设班级文化的[M].成都:四川教育出版社,2010:149-152.

手，激励了班级参赛选手，赢得了全校师生的关注和好评。结果虽然94班只拿到了第二名，但在整个比赛过程最精彩、最能吸引观众的就是94班学生。同时，这场比赛也改变了94班“纪律差”的形象，为班级形象赢得了较高的美誉度。

周勇老师“借势”在记述这次排球赛的班级日志中为他们写了“最调皮、最厉害、最可爱”的九字评语。这既是对他们在这次排球赛中优秀表现的评价，也是周勇老师为他们量身打造的班级形象设计：六个班中94班“最调皮”，要做到合理的调皮，才能更好地张扬个性，才会“最厉害”，而只有合理的“最调皮”和全面的“最厉害”才能让人感到“最可爱”。在排球赛取得的成绩的影响下，学生愉悦地接受了“三最”的班级形象定位。不难看出，“三最”形象是全面的，但周勇老师的重点是“合理的调皮”。在排球赛中，激烈的竞争增强了94班的凝聚力，班风出现了好转，在“三最”这一班级形象目标的约束和激励下，良好的班风逐渐形成。

“三最”形象的核心目标是学习上的“最厉害”。为此，在利用“三最”形象带动班风转变的同时，周勇老师加强了教学方面的管理，伺机在学习方面落实“最厉害”的诉求。不久，全县将举行初一年级语文、数学、英语三门课程统考，在94班班风已基本好转之际，如能在这次统考中取胜，将会改变94班学习差的形象。在“三最”班级形象的激励下，同学们学习非常刻苦，出人意料地赢得了全校第一名，改变了“成绩差”的班级形象，老师和同学们有了信心。周勇老师趁机宣传教育，强化班级学生对“三最”班级形象的认同。

二、班级精神的培育

“三最”班级形象的落实实现了班级形象的改变，接下来在巩固“三最”班级形象的过程中进一步培育独特的班级精神，实现“最厉害”的班级形象诉求，使良好的班级文化基本定型。

初二第一学期，物理是新课程，学生们都站在同一条起跑线上，尤其对那些想学习而基础较差的学生来说，通过努力不但能学好物理，而且能为学好其他科目赢得信心。一个班级也是这样，谁能高度重视并下苦功夫，谁就能取得胜利。于是，周勇老师选择物理这一最能创造优势的科目，来实现"最厉害"的班级形象诉求。初一年级第二学期快结束时，周勇老师未雨绸缪，提前向学生大造声势。到正式开设物理课的时候，大部分学生已有了一定的思想准备，周勇老师再次郑重强调这一点。

在此基础上，周勇老师进一步"造势"。首先，以"三最"班级形象作号召，周勇老师要求学生发扬语文、数学、英语统考时认真扎实的作风，并郑重提出了"物理拿第一"的要求，大大地激发了他们的自信心。其次，为了将"处在同一起跑线"的理念落到实处，周勇老师通过深入细致的思想工作，选择一个学习基础较差的学生作为典型，要他集中精力重点学好物理一科，并且向物理老师通报情况，要求适当地照顾这个学生，从而树立了一个"底子差也能学好物理"的榜样。最后，为了保障首战必胜，尽管第一次物理考试是一次小考，周勇老师还是做了全面动员，收到了很好的激励效果。此后，在经历多次考试之后，94 班打造了"物理第一"的坚实的班级形象，并在期末考试中的八门课程中拿了五个单科的班级整体成绩第一名。至此，"三最"班级形象得以全面树立。

到初二年级第二学期生物、地理会考的时候，94 班的学生初步形成了"未雨绸缪"和"集中力量"的奋斗策略。因此，这次生物、地理会考几乎是模式化操作。一个学期下来，学生玩得痛快，也学得扎实，会考成绩比同校的第二名在全县范围内提前了 39 个名次。

三、班级精神的提炼

生物、地理会考之后，班级精神的提炼以及如何将这种提炼落到实处，这一问题摆在了周勇老师的面前。一次偶然的机会，周勇老师发现了一篇名为《打工皇帝出走始末》的文章，讲的是著名企业家段永平从"小霸王"到"步步高"的传奇般的创业历程。深有感触之余，周勇老师仔细聆听了那首林依轮和景岗山合唱的《步步高》，深深地领悟了这首广东音乐人写给段永平的歌，同时为在心头萦系已久的班级精神提炼找到了灵感。流行歌曲由于具有较高的认知度且深具影响力，同时这首歌的歌词内涵与94班的成功经历又有着一定的相似性。于是，周勇老师向学生讲述了段永平的传奇故事之后，并把这首歌作为班歌，以此“造势”。

由于班级文化已基本形成，学生在学习价值观问题上已基本解决了“为什么学”的问题，所面临的主要问题是如何克服困难并在中考中取得好成绩。所以，在向学生诠释歌词中“现实与目标哪一个更重要，一分一秒一路奔跑”，“失败得失谁能预料，热血注定要燃烧”等句子时，引起了他们的强烈共鸣。紧接着，周勇老师把歌词中早已在步步高VCD的电视广告中令人耳熟能详的“世间自有公道，付出终有回报，说到不如做到，要做就做最好，步步高”等句子与“三最”班级形象相衔接，与近两年来学生通过努力拼搏连续夺冠的作风相联系，用“要做就做最好”概括了94班的班级精神，并引导学生概括了其内涵：未雨绸缪，艰苦奋斗，力争上游，不断进步。

这次班级精神提炼是比较成功的，在学生毕业后与周勇老师的通信中，他们大多会以“要做就做最好”来表达自己在新的成长环境中克服困难的决心和信心。其中一个叫石××的女学生，为人非常内向、腼腆，在进入高中后不久的一个主题班会上，竟然用这几句歌词作为她讲话的结尾，赢得了满堂掌声。

随着“要做就做最好”的精神逐渐成为周勇老师与94班学生共享的“斗争哲学”，一种强势班级文化已经形成。这种通过实践打造出来的文化基因在整个初中三年发挥了纲举目张、水到渠成的良好作用。

案例叙述了在班级文化建设实践中，培育和提炼班级精神的过程，着重说明具体操作方法。班级精神的提出是在教书育人的实践中、在对班级文化建设主题的班级优势和特色进行长期积淀后逐渐形成，并在其定型之后由班主任提炼出来。

第一节　班级文化诊断

在多元文化时代，教育竞争不断加剧，教育个性化倾向和特色发展已成为班级发展的客观需要，文化立校已成为教育人的共识与追求。对班级文化进行诊断，策划富有特色和竞争力的班级文化是学校文化建设的重要内容。

一、班级文化诊断的内涵

（一）班级文化诊断概念的提出

20 世纪 90 年代，随着企业文化建设的不断深入，越来越多的研究者意识到企业文化经过诊断后，才能更好地应用于企业可持续发展。研究者进一步深入研究企业文化与管理进程的关系，提出用于企业文化的诊断模型，并将其迅速应用于企业实践。研究者进一步对企业发展不同阶段的文化进行研究。陈力华认为，应在人们的行为偏离他们的经营目标并出现早期症状时，及早对企业进行文化诊断，有效地寻找新的机会或方法来改革现有的文化或塑造新的企业文化。罗长海认为，在企业文化发展的转型期，过去曾经引导企业走向成功而现在却很难满足企业成长需要的旧文化，要根据企业现状来对其进行诊断评估，并在企业范围内建设一种更为完善的文化来替代，才能促进企业的进一步发展。黄河涛、田利民认为一般在企业发展的中期，企业面临各种内外部的调整和改变，而企业早期所形成的文化已不能适应企业的发展。随着企业内部各种亚文化相继产生，文化间的冲突随之产生。因而进行文化诊断，重新认识自我，成为企业科学发展过程中必不可少的环节。①

班级文化与企业文化同属组织文化理论范畴，伴随着企业文化诊断的兴起与发展，学校文化诊断也受到了学者的广泛关注，学者们提出了班

① 章喜为，刘可青. 企业文化诊断与评估研究综述[J]. 价值工程，2012(27).

级文化诊断的概念。班级文化建设实践具有很强的科学性和操作性，因此要在了解班级文化基本状况的基础上对班级文化进行诊断与建设。目前，班级文化建设的理论研究取得了一些相关的成果，初步揭示了班级文化建设的内部规律，这为探讨班级文化诊断提供了一定的理论基础。但是班级文化建设诊断还没有成熟的理论模型，班级文化建设因缺乏有效的参照而出现了种种误区。因此，班级文化诊断的理论和实践就成为一种现实的需要。

（二）班级文化诊断的概念

Kim S Cameraon&Robert E Quinn 在《诊断和改变企业文化：基于竞争价值理论模型》中认为，企业文化诊断是构建诊断模型，为诊断企业文化和管理能力提供有效的测量工作，为理解企业文化提供理论框架，为改变组织文化和个人行为方式提供系统的策略和方法。

班级文化建设是有目的、有计划地构建班级组织文化管理活动。因此，班级文化是班级成员在班主任的主导下有意识构建的班级组织文化。如同企业文化诊断，在班级文化发展进程中需要针对性的诊断。在班级文化建设的初始阶段，需要对业已存在的班级文化进行诊断，以便将其改造为与班级目标发展要求相匹配的班级文化，称之为初始诊断。班级文化建设是一个动态的发展过程，需要不断反馈和调整。在班级文化发展进程中，尤其是班级文化建设由一个阶段向另一个阶段推进的时候，需要对现阶段的班级文化状况进行分析和判断，以决定相应的发展策略，称之为进程诊断。根据以上分析，我们给班级文化诊断下个定义：班级文化诊断是构建诊断模型，为班级建设的起始和进程中诊断班级文化和管理能力提供有效的方法，为理解班级文化提供理论框架，为改变组织文化和师生行为方式提供系统的策略和方法。

（三）班级文化诊断的基本内容

有学者认为，文化是深层次的，对文化的认识不能仅仅停留在表面现象，必须了解哪些文化因素发展出了脱离意识而存在的信念和假设，形成了怎样做事、怎样思维和怎样感知的默认规则。对此学者将企业文化分为三个层面:第一层表象,代表显而易见的组织结构和流程。第二层表达的价值,代表战略、目标和哲学,描绘公司的价值观、原则、伦理和愿景。第三层基本假设,即视为理所当然的无意识的信念、理解、思维和感觉,人们判断事物的标准和习惯方式,是企业文化的核心。关于企业文化的评价要深入企业考察,探究企业深层文化共同的基本假设。

传统的组织理论关注组织中显性的有形的组织目标、制度与机构等,当代组织理论则更关注组织中隐性的无形的信念、人们习以为常的规范等,特别强调无形的、隐性的组织对组织成员的影响。事实上,组织不仅仅表现为显性的、有形的机构、制度等,组织文化的核心是指组织成员习以为常的、实际遵从的行为规范,以及规范内隐的基本假设。这些规范和假设是组织长期发展过程中形成的,组织成员共同遵从的、习以为常的行为方式以及价值判断,因此,人们称之为“内隐规范”和“内隐概念”。这些内隐概念与内隐规范,不论是否为组织成员所意识,但它们都是组织成员一种不自觉的生活习惯。组织文化就是这样通过组织成员内心的内隐规范和内隐概念在影响着人的行为。在组织文化的改造中,制度的修订、经济的投入,以及技术改造等并非难事,但是组织成员的内隐规范和内隐概念改变是一个漫长的、艰难的过程。可是,由于组织文化的根本是内隐规范和内隐概念,即组织文化是内隐的,因此它需要诊断,诊断是建设的基础。

根据以上分析,班级文化的诊断主要包括三个层面的基本内容:第一层,即物质层面,班级物质环境、班级规章制度、行为方式等。第二层,即精神层面,班级价值取向、发展战略、目标和哲学,描绘班级的价值观、原则、伦理和愿景。第三层,即内隐规范和内隐概念,被视为理所当然的无意识的信念、理解、思维和感觉。班级文化诊断就是要从物质、制度、行为等可感知的文化载体入手,由表及里地分析班级中物质层面所蕴含着的问题以及班级成员自身的精神层面的问题,进而分析物质和精神层面形成的班级成员的内隐规范和内隐概念。

二、班级文化诊断的方法

对班级文化的诊断可以从横向和纵向两个层面进行诊断,横向考察主要指对班级文化的基本类型的诊断,纵向考察主要指对班级文化的发展趋势的诊断。[①]

(一)班级文化的基本类型分析

对班级文化的基本类型及特征的把握是开展班级文化建设的前提,也是班级文化诊断的基本内涵。在分析班情的基础上确定班级文化的基本类型及其特征,然后依据不同的类型和特征决定班级文化建设的方略。

依据班级文化的核心价值观和班级文化的结构系统性两个维度,将班级文化划分为四种类型:理想型文化、惯性型文化、发展型文化、消极型文化。如前所述,班级文化的核心价值观是班级文化的核心,对班级文化的发展具有凝聚功能、导向功能、规范功能、同化功能。班级文化的核心价值观的表述清晰性以及核心价值观的影响力等是评价班级文化建设的重要标准。班级文化结构是多层次、多要素构成的完整体系,班级文化结构的完整性、整合性、稳定性是评价班级文化建设的又一重要标准。

理想型班级文化:班级文化的核心价值观积极,班级文化结构体系完整严密,班级文化建设策略应在保持其良性发展基础上积极创新。惯性型班级文化:班级文化的结构体系完整,但班级文化核心价值取向不够积极,班级文化的核心价值观不清晰。班级文化建设的策略应该是对班级文化核心价值取向进行适当的调整,但可能因为班级文化已形成完整的结构体系而存在一定的难度,但也存在重构班级文化的可能性。发展型班级文化:代表了班级文化积极的价值取向,但班级文化的结构系统化不够,班级文化建设重在夯实班级文化的基础,构建系统的班级文化结构体系。消极型班级文化:班级文化的核心价值观和结构系统性均不够,是最需要改进的班级文化。但由于文化结构体系性较弱,相对于惯性文化,改造可能要容易些,只要对班级文化的价值取向进行正确的定位,调整是比较容易的。

---

① 周勇.我是怎样建设班级文化的[M].成都:四川教育出版社,2010:169-172.

(二)班级文化的发展阶段分析

班级文化建设是一项长期的系统工程,要对班级文化发展阶段及其发展趋势进行纵向考察,针对不同发展阶段提出班级文化的建设策略,从而有效地推动班级文化建设。以班级文化的核心价值观、结构要素体系的形成为标准,可将班级文化建设的纵向发展阶段划分为起步阶段、发展阶段、成型阶段、创新阶段四个阶段。班级文化的起步阶段:班级核心价值观、班级精神等尚不明确,班级文化要素是表层的、零散的、局部的。此阶段班级文化建设应在班级文化活动中发现班级文化核心价值要素,逐步确立班级核心价值观。班级文化的发展阶段:班级核心价值取向逐渐明晰,班级文化活动由点到面、由表及里地推进,班级精神基本形成,但尚未定型,不明显、不稳定。此阶段班级文化建设应积极巩固班级核心价值观和塑造班级精神,积淀优势,积极传播。班级文化的成型阶段:班级核心价值观和班级精神清晰,并开始落实到班级文化活动中,在班级活动中模式化地发挥作用,并形成惯性。此阶段班级文化建设应适时、恰当地提炼或定格班级核心价值观和班级精神,并在具体文化活动中落实。班级文化的创新阶段:班级文化构成要素一致,学生进行自发的创新,班主任做适当的调整。班级文化的惯性作用比较明显,可能产生一些负面效应。根据班级文化的发展趋势,实事求是地对班级文化进行完善与变革,打破定式。

三、班级文化诊断的过程

(一)班级文化诊断的基本原则

1. 系统整合原则

班级文化建设是一项系统工程,包含了班级精神文化、班级制度文化和班级物质文化三个层次,各个层次的班级文化之间密切联系,有各自丰富的内涵。因此,在对班级文化进行诊断时,要坚持系统整合的原则。要以班级精神文化为核心,将各个层次的班级文化要素结合考察,将各个方面的诊断相结合,比如,对班级文化发展阶段的定位和对班级精神的形成模式的判断相结合，准确把握班级文化建设。此外，还要处理好传统的班级管理手段与班级文化管理的关系。一般而言，传统的班级管理手段可以为班级文化建设创造优势和特色，但这种传统手段的简单组合并不意味着一种健康的班级文化的产生。因此，班主任在班级文化诊断的过程中，要将传统的班级管理手段纳入班级文化概念框架中进行考虑，并将创造优势的行为整合到班级文化建设的具体实践中去。

2. 动态适应原则

班级文化建设是一个不断发展变化的过程，班主任在班级文化诊断时要坚持用发展的眼光看问题，对班级文化的诊断也要注意考虑班级文化自身的发展变化和环境的发展变化。在运用相关的手段对班级文化的状况进行分析之后，班主任还需要在实践中证实、修正和丰富自己之前对班级文化状况的认识。这样，班主任就必须把握好对班级文化状况"变"与"不变"的关系，也就是说班主任要具有在动态适应中综合平衡的班级管理艺术。

3. 长期积淀原则

班级文化建设是一个长期的班级管理过程。国外相关的研究经验表明，一个良好的组织文化的形成一般需要两年时间。企业管理起始阶段往往需要深入到企业中去，对经营状况进行为期几个月的系统全面的调研。同样，班主任要真正了解班级文化的状况，找到解决问题的正确路径，就必须对班级文化的发展状况进行深入细致的调查研究，收集最全面的资料，理清班级文化的发展脉络。这一点在班级文化建设的宏观把握上表现得尤为明显。

（二）班级文化诊断的程序

班级文化的诊断主要由班级外部的专家和班级教学与管理人员对班级文化状况进行科学的调查研究工作，以及对班级文化的现状或未来发展前景进行检测、预测和评价。通过对师生行为的内隐概念去体会和感悟，分析班级的价值取向。一个完整的班级文化诊断过程包括确立诊断目标、进行调查诊断、整理和分析资料、撰写诊断报告四个环节。

1. 确立诊断目标

凡事都应该首先有一个明确的目标,班级文化诊断也不例外。目标明确、方向清晰是提高诊断质量和效益的重要前提。对于班级文化诊断的目标,最好以诊断方案的形式来表现,在方案中明确表述诊断的目的、对象、方法、内容以及时间与过程等,以便诊断者做到胸中有数、有的放矢。

2. 进行调查诊断

进行班级文化诊断的初始阶段主要是进行调查了解,诊断者应该随机进行调查,深入到班级日常生活进行观察了解,如教室、寝室、阅览室、多媒体教室、校园等,到班级中、学生中去,与班主任、任课老师、同学、学校领导等进行深度访谈。

3. 整理分析资料

在诊断过程中,诊断者要查阅班级所形成的大量资料,也要整理形成大量的资料。对这些资料的共同分析是一个必不可少的步骤。要注意从这些资料中筛选出能够体现代表班级文化的精华部分,注意在访谈、座谈、问卷等资料中提炼出多数人无意识中流露出的语言和行为方式,并从中归纳出他们的共同观念和行为。

4. 撰写诊断报告

在对各种资料共同进行认真深入分析的基础上,要撰写出班级文化诊断报告。一篇规范、完整的班级文化诊断报告一般包括以下几个组成部分:班级文化的发展过程、班级文化的状况、成因分析、评价判断、建设措施等。报告书的内容应尽量注意基本情况与突出重点相结合,突出关键的影响因素。

第二节　班级文化策划

一、班级文化策划的内涵

陈放在《文化策划》一书中,在中国首创性地提出文化策划学。陈放认为,"文化策划是指对文化环境的市场调查和系统分析,利用已经能够掌握的有关文化资源及手段，科学地、合理地、有效地推动文化活动的进程，并且提前判断文化活动开展的顺利程度及其效果，具有一定功利性质的活动。”①窦存芳认为，“文化策划是人类在长期的社会生活过程中为实现特定的文化目标而进行的有意识的行为或活动。”②它是人类自觉意识的一种活动或行为，文化策划的对象是博大的，为了全面地表达文化策划的概念，可以从广义和狭义来界定文化策划的概念。广义的文化策划是指策划者进行的有意识、有计划的文化创作过程，包括物质文化、制度文化、精神文化、行为文化等广泛文化意义上的文化策划活动或行为。广义的文化策划是伴随着人类产生而产生的各种文化策划活动。包括古代的艺术和现代的科技等。狭义的文化策划是指“策划者对策划目标所在社会文化环境及其所属的文化内容和文化规律全面研究的基础上进行调查、收集资料、系统分析，从而制订和选择具有合理性的、现实可行的能够达到最佳成效的实施方案，并进行科学管理的系统工程”③。

班级文化策划属于文化策划，所指的是狭义的文化策划，是由班级师生或者专门的文化策划机构进行的，在对班级文化环境、内容、规律全面研究的基础上，进行调查、收集资料、系统分析，从而创造性地制订和选择具有合理性的、现实可行的能够达到最佳成效的班级文化建设的实施方案，并予以实施。班级文化策划具有以下几方面特征：

(1)班级文化策划的主体是班级师生或者专门的班级文化策划机构。专门的班级文化策划机构能够提供系统的科学的具有操作性的策划方案，但是班级成员只能被动地接受策划，对策划的深层认识不够，对策划的结果认同度较低，师生参与的自觉性较低。以班主任为主导，师生从不同的角度共同参与策划，策划方案针对性强，较为周密。策划的过程民主，师生认同度高，方案的执行力强。在策划的过程中，学生也得到了发展。当然在班级师生的策划过程中，也可以请校外的咨询机构、专家来

① 陈放，陈晓云，唐建．文化策划学[M]．北京：蓝天出版社，2005：5.

② 窦存芳．人类学视域下的文化策划学解析——与陈放先生商榷[J]．湖北民族学院学报：哲学社会科学版，2011(3).

③ 窦存芳．人类学视域下的文化策划学解析——与陈放先生商榷[J]．湖北民族学院学报：哲学社会科学版，2011(3).

协助。

(2)育人性。班级文化策划的目的在于促进班级群体和班级成员的发展,班级环境、班级活动、班规等设计的根本目的在于“育人”。班级文化策划作为改造班级环境、班级形象、班级组织、班级活动的一种活动,作为班级成员的参与者同时也被改造。班级文化策划从教育人、培养人出发,创造环境育人、制度育人、活动育人的班级氛围。

(3)创造性。策划活动是一种预见性的超前行为,每一所学校、每一个班级都是独特的,学生是发展中的人,教育教学情境是变动不居的,这就需要班级文化策划者具有创新意识和创新思维,创造性地诊断、规划与设计。班级文化策划是一门艺术,是一种创造。

二、班级文化策划的内容

关于班级文化的结构层次,基于不同的标准不同的角度,班级文化的结构体系不同。班级文化可以划分为物质文化、精神文化、制度文化三个层次,班级文化策划也可以从这几个层次来进行。班级精神文化的策划是班级文化策划的核心,规定了班级文化策划的定位和发展方向,统整班级物质文化和制度文化的策划。

(一)班级精神文化策划

班级精神面貌是班级发展过程中积淀的共同心理、生活方式和班级个性,班级的价值取向是班级精神文化的内核,班训、班徽、班歌等是班级文化的外显表现载体。班级文化策划的核心是班级核心价值观的策划,是班级文化建设的最高层次,决定了班级文化建设的性质、方向和高度。班级核心价值观主要体现在班级的教育理念、奋斗目标、班训、班徽、班歌等。

首先,班级教育理念的策划。班级教育理念是反映班级教育本质要求的价值追求,它决定和引领着班级整体发展方向,是班级发展的主导理念,班级的教育目标、班训、班徽、班歌等受其影响,都是班级教育理念的延伸。它体现了班级群体成员的共同理想和价值取向,渗透在班级成员的日常生活中,无形地影响着班级成员的言行。班级教育理念的策划既要高瞻远瞩,体现班级发展的战略眼光,又要具有现实性和可操作性。

其次,班级目标的策划。班级目标是在班级教育理念指导下的一定阶段内班级发展的理想预期状态和努力方向。班级目标的策划应在对班级现状和成果充分认识的基础上,对班级的发展潜力进行理性思考,对班级发展进行整体定位,突出班级个性和特色。班级目标的策划应是远期、中期、近期目标的结合,目标应明确,表述应科学严谨,便于工作的开展与检测。

最后,班训、班徽、班歌的策划。班训、班徽、班歌是班级理念的外在符号表征系统,凝聚着班级的价值追求和精神风貌,是班级的"心灵窗户"。班训、班徽、班歌的策划应充分体现班级的教育理念,具有时代性、文化性、班级个性。教师可在班级开展班级形象的设计活动,将抽象的班级文化,具体化为可以感知的形象,给班级师生以班级的形象标识,凝聚班级所有成员的力量与智慧。在班训、班徽、班歌的策划过程中,班级学生也逐渐明确班级的核心价值观和班级精神,以及班级的个性特色。

(二)班级物质文化策划

班级物质文化是班级文化的空间物质载体,是班级文化的外壳,主要表现为班级环境的布置。班级物质文化是班级存在和发展的物质基础,是班级精神文化的载体,体现班级的价值取向和审美意向,发挥着环境育人功能。班级物质文化的策划应反映班级的教育价值追求,班级教室墙报、图书角的设计,以及班级教室环境色彩布置、造型的选择等,都应反映班级的文化定位和价值追求。此外,班级环境的策划应反映班级成员的审美意向,学生在洁净幽雅的环境中安定情绪、陶冶情操、启迪智慧、升华境界。

(三)班级制度文化策划

班级制度文化是处于班级深层精神文化和浅层物质文化之间的中间文化,是班级文化的重要组成部分。它是班级正常秩序运行必不可少的保障机制。班级制度文化是由班级制度所承载、表达、衍生、推动的文化,它是班级文化渗透在组织结构、工作流程、成员职责、规章制度中的价值观和个性风格，也是在规章制度的形成和执行过程中折射出的价值取向和行为准则。但班级制度文化并不必然伴随着制度的产生而产生，要从班级制度中衍生制度文化，需要进行策划和实践。

班级制度文化的生成一方面依赖于优质制度的生成，另一方面依赖于制度的执行。首先，班级制度应该充分完善，不能缺失某些方面的制度。其次，班级制度应合理合法。制度的合理性是指合乎基本的人性，符合教育发展的基本规律。制度的合法性是指制度的生成应获得班级成员的认同和接受，比如通过班会民主商议。制度生成的程序具有正当性，经过合法的程序。最后，优质制度具有经济适用性、针对性、一致性、简单明了等特点。优质班级制度具有教育性，是重要的教育资源，可以培养学生的自主意识、权利意识、自我发展的主动性和责任感，从而塑造健全的人格。制度的执行是将静态的“文本化”的制度文化向动态的“人化”制度文化迁移的关键。制度的执行力取决于几方面因素：任何制度一经颁布实行，都会产生效应（即时效应和后续效应），良好的班级制度应该具有良好的即时效应和后续效应。班级制度文化的执行力还有赖于班级组织、班级师生的沟通方式、班级规范、权利和责任范畴。“学校制度文化在传统教育学中具有中立、不成问题、不会说话的背景，其实它们隐藏在学校的仪式、人际关系、教育观念、课程与知识、教学方法和技术、学校管理结构、发展规划、教育组织形式、目标、传统与习俗，乃至心理氛围中。”①班级制度文化亦然。不同的班级文化有不同的班级组织方式，不同的组织方式也造就不同的班级文化。②

三、班级文化策划的实施

班级文化策划的程序是由班级精神和精神文化的构建、策划方案的制订、策划方案的实施三个基本步骤构成的。

（一）班级精神和精神文化的构建

班级文化策划的核心和首要任务是构建先进的班级精神和精神文

① 康永久．制度教育学管窥［J］．华东师范大学学报：教育科学版，2001（1）．

② 俞清臣，卢元楷．学校文化学［M］．北京：北京师范大学出版社，2010：170－177．

化。信息的搜集是文化策划的必备工作。运用访谈、问卷、观察等方式，通过对班级信息的搜集，可以了解班级文化的现状和发展脉络，循迹班级发展过程中具有文化意义的人和事，洞察班级发展的问题、机遇和挑战。结合学校文化发展的背景，考虑班级目前的状况，如生源状况、家长状况、师资状况等，得出班级发展的优势、劣势、机遇，在此基础上，我们可以用一些关键词对班级文化精神面貌的整体基调进行描述定位，进而确定班级的发展理念和奋斗目标，用简练鲜明的语言明确地表达出来。

班级教育理念的构建应高瞻远瞩、富有创意，班级物质文化和制度文化的策划应基于班级精神文化的定位与构建，是对精神文化的延伸。创意是策划的核心，决定了策划所能达到的艺术境界，有无良好的创意，制约着策划能力和策划内容的优劣。作为一种复杂的高级的思维活动，创意建立在掌握大量详细信息资料的基础上，对所掌握的信息进行整理、判断、分析、综合，抽象和演绎出具有个性的理念。

（二）班级文化策划方案的制订

制订体现班级特色、具有高度执行力的策划方案，将抽象的班级教育理念、价值追求、奋斗目标和班级精神形象化，变为具体的可以表现的物质和符号系统，具体包括班训、班歌、班徽、班级环境布置、班级组织制度等。一个良好的策划方案应该具有以下几方面特征：首先，主题鲜明。突出班级文化主线，体现班级精神、班级发展理念、奋斗目标等。其次，源于实际、突破现状。源于实际，具有操作性，将抽象的班级精神浸润到班级物质、制度、活动中去，要考虑实际贯彻实施中的各个环节的方方面面的问题；突破现状，适度超前，引领班级发展，具有艺术性，构思、设计策划方案要精心、关注细节、精益求精，整体和谐统一。

策划方案的构思和设计都要具体落实到策划书上。策划书是策划过程中产生的重要文件，也是具体实施策划的重要依据。策划书的编写要注意主题鲜明、重点突出，逻辑顺序合理清楚，必要时辅以说明，如实物照片、图片、设计模型等。班级策划书的撰写在结构上没有固定的模式，一般包括以下几部分内容：

· 封面。主要包括策划名称，如“××班级文化策划书”，置于页面中央。

·目录。

·策划目的。概述策划目的,是项目策划的开始,属于整个策划的纲领性文字。

·策划内容。具体包括策划背景、问题、创意关键以及实施步骤等。

·实施进程方案。一般包括准备阶段、实施阶段、总结阶段。

·实施预算。根据具体情况,明确列出班级文化策划活动所需各项经费预算。

·效果预测。

·活动中应注意的问题及细节。班级文化策划方案应考虑到班级文化建设中班级实际情况的一些不确定性因素,并在策划方案中加以说明。

(三)班级文化策划方案的实施

班级文化策划方案的实施是班级文化策划的最后一个环节。能否实现策划目的、取得良好的策划效果,方案的实施至关重要。班级文化策划方案的实施应该做好以下几方面工作:首先,实施前的动员工作。班级文化策划方案虽然是在民主的基础上形成的,但是实施前宣传动员仍是非常必要的。要对方案进行宣传讲解,尽可能使班级成员都能够认同并明确策划目标和实施方案的每一环节以及所要达到的标准和要求。其次,制订方案的实施细则。策划方案虽然比较详尽,但在实施过程中,仍需进一步细化,班主任、班干部、学习部、生活部、班级成员等班级组织成员的任务、目标、措施不同,这就需要进一步根据他们所承担的职责和任务制定相应的实施细则,保证策划方案的顺利实施。最后,建立保障机制,科学管理。班级文化策划方案的实施应明确各个环节的责、权、利,并采取措施,严格监督管理。还应注意制定一定的防范措施,以避免出现没有预料到的特殊情况。

第三节　班级文化建设实施

一、班级文化建设实施的误区

近年来,班级文化建设这种柔性的班级管理手段在教育界得到了较为广泛的应用,班级文化建设进行得如火如荼。由于对班级文化的某些内在规律认知不足,许多班主任在班级文化建设实施中往往步入歧途,存在着不少问题。比如,班级文化建设具有较强的功利性,重物质文化建设轻精神文化建设,缺乏人文与科学的精神,重外来理念的引进轻民族优秀文化的继承和发扬等,这表明班级文化建设处于初级阶段。为了促进班级文化建设的发展,本文对目前存在的主要问题类型进行分析。

(一)功利主义

一些班级文化建设的指导思想存在偏差,班级文化建设是应付学校评比的重要工具,具有较强的功利性。班级的文化建设并没有立足于学生的发展,过于追求班级在学校中的形象和位置,哗众取宠,搞一些表面的形象工程。班级发展的理念和价值取向停留在表面形象的设计和口头的灌输,并没能内化成学生内在价值观念。班级文化建设表面繁荣,班主任似乎很热衷,强行推行,学生态度冷漠,班级文化建设不能形成推动力。一些班级开展班级文化建设急功近利,缺乏对班级文化建设长期性的了解,开办了几周看不到明显的效果,就放弃了班级文化建设的努力。其根源在于目前对班级文化建设纵向发展的各个阶段及其内在联系关注甚少,很少有按班级文化从启动到成熟的纵向发展线索来组织文化建设,班主任对班级文化建设的发展过程缺乏深入的了解。

一些班级受应试教育观念和现实高考指挥棒的影响,班级学生被考试分数压得喘不过气来,每天过着“三点一线”机械呆板的生活,不能得到全面发展,班级文化建设更无从谈起。

(二)物化主义

班级物质文化既为班级教育教学提供了基本的条件,同样也具有教育作用。班级物质文化是可视可感的,是班级文化的外显和外化,是班级文化建设最明显的表现,能够被班级成员所感知,具有外在的吸引力。尽管班级文化需要外化,但是文化建设的根本在于文化的内化,即实现文化的“化”人作用,使这些外显的体现班级精神和价值追求的物质文化,能陶冶教育班级成员。一些班级将班级文化“异化”为肤浅的形式表现,过于强调外在的包装而迷失了班级文化本身所蕴涵的意义。如一些班级热衷于设计班级目标、愿景、班训、班名、班歌等,对班级进行包装,张贴标语、名言警句;一些班级热衷于教室美化,教室要放置图书和花草盆景等;一些班级热衷于举办文体、比赛活动等,将班级文化等同于某种简单、一时的行为方式。

在班级文化建设中,需要注重班级环境,发挥环境的育人作用,使班级文化建设能够被感知,但如果只重视外显与外化,忽视文化的内化,必将影响班级文化作用的发挥,割裂班级外在物质文化与内在精神文化的关系,物质文化不能体现班级的内在精神,没能整合形成一整套独特的教育价值体系,因而这是一种“没有灵魂的班级文化”,是表面的、形式的、现象层面的文化。出现这种错误倾向的原因是班主任忽视了班级文化建设中符号行为与实质行为之间相辅相成的关系,简单地把班级文化等同于各种班级文化要素的符号化,而不注重创造与之相匹配的实质行为,因而没有相应的班级优势和班级特色作为基础。

(三)拿来主义

这种倾向又可以称之为“移植过多”,主要表现为班主任将班级文化建设视为“他者”文化的复制式借鉴,采取简单的“拿来主义”策略。“拿来主义”的班级文化建设使班级文化标准化、模式化,丧失了应有的独立性和个性。其主要有以下几种类型:一是拿来“企业文化”,认为企业文化的研究和建设相对比较成熟,注重对企业管理中与班级文化建设相关的成功经验和理论移植,而忽视移植的实用性和现实性。二是拿来“兄弟学校文化”,一些薄弱学校简单移植优质学校、模范学校的班级文化建设。三是拿来“国外班级文化”,认为国外的学校班级文化理念都是先进的,代表班级文化建设的先进性和国际化。班级文化不是无源之水,是本国传统文化积淀的结果。中国传统文化历史悠久、博大精深，班级文化要对传统文化进行批判性地继承，不可对其简单地全盘否定和全盘西化。四是拿来“班级管理理论”，将传统的班级管理成功理论与经验直接冠之以班级文化建设之名。①

（四）经验主义

班级文化建设处于自发经验层面。我国一些学校的班级文化建设仍是班主任根据自身长期教育实践中无意识积累起来的经验，多是班主任自发形成的价值观念和建设内容，缺乏科学理性的理论与指导，文化建设随意性强，缺乏整体系统科学的规划。

二、班级文化建设实施的原则

（一）全面性与深入性相结合的原则

班级文化建设的内容要全面，不仅要重视物质环境的建设，还要重视精神文化、制度文化、教师文化、学生文化的建设。简言之，就是要全方位地进行班级文化的建设。班级文化的建设不仅仅停留在表面的物质文化层面，还要深入到班级精神文化层面，深入到学生处世态度和行为方式的内隐概念和内隐规范，从而促使班级师生态度、价值观念以及行为方式发生改变。而在班级文化建设中，往往把物质文化等同于物质，制度文化等同于制度，精神文化等同于一些精神文化的标识系统，缺乏人文和科学精神。这个认识的偏差使学校文化的建设逐渐流于形式化、走向形而上学化，追求班级环境优美，设计班级愿景、班训等进行班级文化包装，班规制度“上墙”。班级愿景、班训是一个班级发展思想的凝聚和浓缩，但深入到有些班级却发现，大部分的教师和学生对班级并没有深入的了解，更无从谈及思考。究其原因，这些都是缺乏全面性和深入性所致。

（二）理论与实践相结合的原则

班级文化建设要做到理论与实践相结合，这是一个很重要的原则。

---

① 谢延龙.学校文化建设的误区及其反思[J].教育发展研究，2008(10).

要深入班级文化生活中，从班级文化实践中提炼班级文化理论，再把班级文化理论运用于实践。然而，一些班级文化建设基于班主任的经验，缺乏相应的理论指导，缺乏与班级文化研究的专家的有效沟通和合作。同时，在班级文化的研究中，一些理论研究者也很少深入到班级教学实际生活中，这样作研究的方式导致了所取得的研究成果无法对实践起到基本的指导作用。因而，理论与实践有机结合才是班级文化建设的出路。

（三）继承与创新相结合的原则

继承是指对原有事物的合理因素的延续，创新是指旧事物向新事物的转变，是一种扬弃。批判继承和发展创新应有机统一。班级文化不是无源之水，是传统文化积淀的结果。班级文化建设要对中国传统文化进行批判性地继承，不可全盘否定，把弘扬中国传统文化与班级文化建设的各项活动有机结合。创新是班级文化永保活力的关键所在，班级要在批判性继承中国传统文化的基础上进行合理的创新，这样班级文化才能更有力地促进学校的发展进步。创新不仅包括理念的创新和内容的创新，也包括机制和方法的创新，班级要注意培养班级师生的批判精神，并给予师生充分的思想自由、学术自由的空间，为班级文化的创新营造良好的环境和氛围。

（四）借鉴与个性相结合的原则

企业文化建设和班级文化建设具有一些共性，合理借鉴已成熟的管理学科，把科学管理理念引入到学校管理中，借鉴企业文化中的建设成果，合理借鉴兄弟学校的成功经验，是班级文化建设的重要策略。但是每个班级具有自身的独特性，尤其是教育对象具有独特性，这就要求班级文化的建设也要坚持一定的特性和个性，百家争鸣式地进行班级文化建设，也就是坚持借鉴与个性相结合的原则。

三、班级文化建设实施的模式①

班级文化建设的本质内涵是以班级价值、理念等精神文化为导向，进行班级物质、制度文化的建设。班级精神是整个班级文化的灵魂，班级文化的其他一切要素都是由此衍生的，明确的班级精神的形成，以及班级精神的实践，是判断班级文化发展成熟的标志。因此，班级文化建设的实施模式要以班级精神的形成和发展来梳理。班级文化实施的核心是提出班级精神和实践班级精神，班级文化建设有两种基本实施模式：一种是理念演绎模式，先提炼班级精神，后创造实践班级优势和特色；一种是实践归纳模式，先创造实践扎实的班级优势和特色，后提炼班级精神。

（一）理念演绎模式

理念演绎模式是班主任在一定教育观和学生观的指导下，深入了解班级学生特点和状况，确立班级发展的核心价值观、班级发展目标，提炼班级精神，然后通过引导获得学生的认同，通过学生在学习和活动中践行而发展成熟。其发展一般经历三个阶段：班级精神的确立阶段、认同阶段和践行阶段。确立阶段：班主任应对班级文化的现状或未来发展前景进行检测、预测和评价，通过对师生行为的内隐概念去体会和感悟，分析班级的价值取向，适时提出自己预设的班级发展目标和班级精神，从而预设班级文化建设的基本方向。此时，班级精神还是比较抽象的，不具体清晰。认同阶段：班主任应在班级活动中大力宣传并让学生认同这种班级精神，并逐步明晰班级精神的具体内涵。践行阶段：践行班级价值观和班级精神，这是理念演绎模式实施的重点和难点。要使教师理念演绎模式下的班级文化落地生根，班主任必须参照班级精神，在班级环境布置、制度建设、班级活动中引导学生不断实践，形成班级优势和特色，从而使班级精神变得充实。

---

① 周勇. 我是怎样建设班级文化的[M]. 成都：四川教育出版社，2010：152 - 156.

（二）实践归纳模式

实践归纳模式是在班级文化建设的实践中，对代表班级核心价值取向和班级目标的班级优势和特色进行长期积淀后逐渐形成，并在其定型之后提炼出来班级精神。本章导引案例《班级文化建设操作纪实》，就是较为典型的归纳模式。其形成过程一般经历三个阶段：班级特色的显现阶段、班级传统的形成阶段、班级精神的提炼阶段。

班级特色的显现阶段：在班级文化建设的启动阶段，班主任应在深入了解班级状况的基础上，从某点突破，引导学生在学习活动中取得优势，形成班级特色。在这种突破中班级优势和特色呈点状，不明显、不稳定，但它包含了班级文化核心要素的基因。班级传统的形成阶段：在班级文化建设取得突破性进展之后，依据已形成的文化的核心要素基因，班主任引导学生在学习和活动中不断取得优势，不断累积和加强班级特色，逐渐演变成一种班级传统、一种业已形成但尚未明确表达的班级精神。班级精神的提炼阶段：班级精神成型的阶段，也是班级文化成熟的阶段。这一阶段班级精神和班级传统在班级活动中模式化地发挥作用，班主任适时引导学生提炼班级精神。经过长期实践形成的班级精神一旦被恰当地提炼和表达出来，并得到进一步的强化，一种良好的、强势的班级文化就形成了。

班级文化实施的两种模式，可以为班级文化建设的实施提供一个参照标准。从整个班级文化的发展历程来看，班级精神的实践与提出之间存在先后关系。因此，通过对班级文化现状的判断，我们可以在宏观上为班级精神的形成选择一条路径。班级精神的实践与提出在班级文化建设具体操作上是相辅相成的，不可偏废。在实施模式的选择和执行上，班级文化建设更多地表现为一种班级管理艺术，因为这两种班级文化建设的实施模式在执行的过程中可能会出现某种交叉。在确定班级精神的实践与提出的先后关系时，可能在具体文化实践中会遇到不同的局面，需要班主任艺术地加以选择和应用。

小　结

班级文化诊断是构建诊断模型,为班级建设的起始过程中诊断班级文化和管理能力提供有效的方法,为理解班级文化提供理论框架,为改变组织文化和师生行为方式提供系统的策略和方法。班级文化的诊断应该从横向和纵向两个层面进行诊断,横向考察是对班级文化的类型特征的诊断,纵向分析是指对班级文化发展阶段特征及发展趋势进行诊断,然后依据不同的类型和发展阶段决定班级文化建设的方略。依据班级文化的核心价值观和班级文化的结构系统性两个维度,将班级文化划分为四种类型:理想型文化、惯性型文化、发展型文化、消极型文化。以班级文化的核心价值观、结构要素体系的形成为标准,可将班级文化建设的纵向发展阶段划分为起步阶段、发展阶段、成型阶段、创新阶段四个阶段。班级文化诊断应遵循系统整合原则、动态适应原则、长期积淀原则等基本原则。一个完整的班级文化诊断过程包括确立诊断目标、进行调查诊断、整理和分析资料、撰写诊断报告四个环节。

班级文化策划是由班级师生或者专门的班级文化策划机构进行的,在对班级文化的环境、内容、规律全面研究的基础上,进行调查、收集资料、系统分析,从而创造性地制订和选择具有合理性的、现实可行的、能够达到最佳成效的班级文化建设的实施方案,并予以实施。班级文化策划可以从以下几个环节进行:构建班级精神和精神文化,制定班级文化策划方案,实施班级文化策划方案。班级文化策划方案编写要注意主题鲜明、重点突出,逻辑顺序合理清楚,方案的结构一般包括:封面、目录、策划概述、策划内容、实施进程方案、实施预算、效果预测等内容。

班级文化建设如火如荼,但在班级文化建设实施中存在误区,具体表现为以下几种类型:功利主义、物化主义、拿来主义、经验主义。班级文化实施的核心是提出班级精神和实践班级精神,在班级文化建设有两种基本实施模式:一种是理念演绎模式,先提炼班级精神,后创造实践班级优势和特色;一种是实践归纳模式,先创造实践扎实的班级优势和特色,后提炼班级精神。

思考题：

一、名词解释：

班级文化诊断　班级文化策划

二、简答题：

1. 简述班级文化的四种类型及其特征。

2. 简述班级文化的不同发展阶段及其特征。

3. 简述班级文化诊断的基本原则。

4. 简述班级文化建设实施中存在的误区。

三、论述题：

结合班级文化建设实际，评述班级文化建设实施的实践归纳模式和理念演绎模式。

四、课堂实践：

1. 就中小学的某个班级为例，对其班级文化进行诊断。

2. 就中小学的某个班级为例，对其班级文化进行策划，并撰写班级文化策划书。

3. 下表是《××小学班级文化建设评比细则》，根据此表细则：

(1)为班级确立核心价值观，明确班级精神。

(2)确立班级正式组织结构及管理职责，制定值日与考勤制度、考核制度。

(3)为班级布置教室。

项目	要求	考核办法
班级物质文化建设(25分)	1. 环境整洁，桌椅摆放整齐(5分)	看双周大扫除记录和卫生检查成绩
	2. 室内布置简约，体现班级文化追求(5分)	看室内布置
	3. 板报、橱窗主题鲜明，定期更换，有特色(10分)	看检查评分记录
	4. 爱护公物，无人为损坏(5分)	看班级调研，看记录

续表

项目	要求	考核办法
班级制度文化建设（35分）	1. 组织健全,分工明确,学生自我管理参与率较高(10分)	看资料结合访谈
	1. 班级有明确的奋斗目标,形成良好的班风(10分)	
	2. 制度健全,切实可行,并注意不断完善(5分)	看资料
	3. 制度落实得力,学生文明守纪,养成好习惯(10分)	看简报记录、优秀班级考核
班级精神文化建设（30分）	1. 班级管理能发挥学生主动性,有特色做法(5分)	看记录
	2. 学生集体荣誉感强,集体活动中表现突出(5分)	
	3. 学生兴趣广泛、发展全面(5分)	
	4. 管理有方法、善创新,不简单粗暴,学生无严重违纪现象(5分)	
	5. 精心设计班队活动,做到总体有计划、次次有方案(10分)	
其他(10分)		

参考文献：

[1]季苹. 学校管理诊断[M]. 北京:教育科学出版社,2002.

[2]陈放,陈晓云,唐建. 文化策划学[M]. 北京:蓝天出版社,2005.

[3]李学农. 班级管理学[M]. 北京:高等教育出版社,2004.

[4]窦存芳. 人类学视域下的文化策划学解析——与陈放先生商榷[J]. 湖北民族学院学报:哲学社会科学版,2011(3).

[5]唐迅. 班集体教育实验的理论与方法[M]. 广州:广东教育出版社,2000.

[6]吴春燕. 班级文化建设研究综述[J]. 考试周刊,2009(2).

[7]杨小微. 长江文化共识下学校文化建设的思路探寻[J]. 教育发展研究,2012(8).

[8]彭彦琴,江波,詹艳.学校文化建设的思路与模式——以苏州市 A 小学学校文化建设为例[J].教育科学研究,2009(12).

[9]周勇.我是怎样建设班级文化的[M].成都:四川教育出版社,2010.

[10]俞清臣,卢元楷.学校文化学[M].北京:北京师范大学出版社,2010.

[11]周游,龙正辉.大学校园亚文化构建研究——基于高等学校校园亚文化建设的文化诊断[J].内蒙古师范大学学报:教育科学版,2011(7).

[12]《学校管理自我诊断》课题组,季苹,张文清.学校文化诊断与改造的提出[J].中小学管理,2003(10).

[13]林艳.中小学班级组织的病理现象及其诊治和预防[J].基础教育参考,2007(11).

[14]李德善.神奇的教育场[M].重庆:西南师范大学出版社,2011.

[15]谢延龙.学校文化建设的误区及其反思[J].教育发展研究,2008(10).

[16]周勇.浅谈班级文化建设的两种基本操作模式——兼评《教学与管理》刊载的两个典型案例[J].教学与管理,2007(16).

[17]程斯辉.学校文化建设中的“五重五轻”倾向[J].教育发展研究,2008(Z2).

[18]陈耀玲.学校文化建设的原则[J].山西经济管理干部学院学报,2009(1).

[19]唐汉卫.关于学校文化建设的几点思考——兼论当前学校文化建设存在的问题[J].教育发展研究,2012(Z2).

[20]谢维和.论班级活动中的管理主义倾向——兼答吴康宁教授的商榷文章[J].教育研究,2009(6).

第六章　班主任专业素养与班级文化建设

56号教室的奇迹

雷夫·艾斯奎斯(Rafe Espuith),美国最有趣、最有影响力的教师之一,是唯一同时获得美国总统颁发的“国家艺术奖”和英国女王颁发的帝国勋章的人。二十五年来,雷夫老师一直在霍巴特丛林小学担任五年级的老师。丛林小学位于洛杉矶市区,是美国第二大公立学校,有二千多名学生,他们大多来自美国中部的贫穷家庭和一些亚非移民家庭,英语是他们母语以外的第二语言。雷夫几乎将他的所有精力都投入到了他所在班级——56号教室。孩子们跟随雷夫老师一起阅读、做算术、表演莎士比亚戏剧,一起去旅行。在这块小天地里,雷夫老师创造了轰动全美的教育奇迹。

雷夫将信任作为56号教室的班级文化的基石。基于信任,来激发孩子对自身的高要求。56号教室里没有害怕,雷夫给予孩子的是信任,孩子拥有充分的自由。孩子有充分活动的自由并不意味着他们可以为所欲为,孩子必须在自由的基础上培养纪律性。雷夫在教学中确立了“品格、诚信、道德、胸襟”的教育价值取向,班训是“Be nice,Work hard”,表达的班级文化的理念是“用最深厚的爱创造最大的奇迹”。

56号教室不只是一个教室,孩子有四分之一的时间不会在教室里,他们可能去芝加哥旅行,孩子们可以自主选择他们的活动和学习内容,老师是一个观察者、支持者,是孩子们最可信赖的朋友,孩子们在这里获得一个全新意义的环境。雷夫还借用经济制度来进行班级制度建设。他在全班发行一种虚拟货币,答题积极或者测验靠前的,都可以获得货币奖励。而课桌椅就是商品,座位越靠前,费用越高。存款不多时,可以租用。当存款超过租金的三倍时,就可以买下座位的所有权。如果更多,就可以买下邻座,然后向别人收取租金。雷夫还给孩子们分发了一个分类账本,上面标着日期、交易名称、收入、支出等。班上设立了四个银行管理员,他们分别管理八到九个孩子的账户副本,这样每个孩子的财务情况,雷夫都会一目了然。

雷夫老师二十五年来用心施教、用心践行,使56号教室里来自洛杉矶贫穷地区的孩子们,变成了热爱学习、谦逊有礼、诚实善良的小天使。

56号教室是班级教育的成功典范,56号教室同样具有先进的班级文化。56号教室具有世界上最为广阔的“教室”和最为丰富的“教室文化”。雷夫老师以信任为基石,“用最深厚的爱创造最大的奇迹”,创造实施独特的班级制度文化,形成独特的56号教室的班级精神。北京人民广播电台《教育面对面》主持人宏玖说:“与雷夫老师面对面,了解真实的美国基础教育,领略‘全美最好老师’的教育精神和一线教育智慧。”

第一节　班主任在班级文化建设中的角色与作用

班主任作为班级的领导者、管理者和参与者,直接影响着学生的发展。班主任营造有利于学生发展的文化环境,形成良好的班级文化,促进学生的健康发展。可以说,班主任是班级文化形成与发展的最大影响源,他们对学生行为习惯的塑造、情感的陶冶、个性的形成具有巨大的作用。班主任必须在人格与个性修养、知识与能力等多方面进行刻苦修炼,努力提高个人素质,这样才能成为班级文化建设的导师。而班主任的人格修养和业务素养,与班级文化的形成有着密不可分的关系。

一、班主任是班级文化建设的领导者

班主任作为班级的领导者,注重的是在精神上对班级文化建设的引

领。精神指的是人的意识、思维活动和一般心理状态。班级精神是整个班级成员在班级文化的建设和发展过程中,经过长期的积淀、整合和提炼出来的反映了一个班级全体师生共同的理想目标、精神信念、作用和行为准则,是在班级中随时随处都可以感觉到的,被全体师生认同的一种精神力量,最具有内在性,是班级文化的核心。班主任的人格往往是班级精神的外化。在此基础上,班主任还需要通过目标、评价、制度、活动等方面的引领,使班级形成相对稳定的班级精神。因此,在班级文化建设中,班主任起着重要的引领作用。

(一)班级精神是班主任人格的外化①

班主任在学生健康成长的过程中起着导师的作用。尤其是班主任的人格对学生将会长期甚至终生影响一群学生。班主任的人格外化为具体、生动的言行,并由此产生明显的结果,对学生的影响、对班级精神的形成既是潜移默化的,又是显而易见的。我们往往发现,一个班级的性格和班主任的性格是很匹配的。俗话说:什么样的老师带出什么样的学生。这句话不无道理。儒雅的班主任带出的班级常常也表现得温文尔雅;活泼的班主任带出的班级往往热情奔放;富于爱心的班主任带出的班级懂得关怀与奉献;发扬民主的班主任带出的班级富有个性和责任感……可以说,班级精神是班主任人格的外化。

首先,班主任的"教育爱"会影响学生的情感以及班级的气氛,从而使整个班级充满温馨。"教育爱"是班主任最基本的心理品质,也是班主任人格的基本内核。"教育爱"表现为三个层次:第一个层次表现为生活上的关怀与照顾,第二个层级表现为教师对学生的尊重,第三个层次表现为教师对学生的教育期盼。班主任的"教育爱"使学生如沐阳光,时刻笼罩在教师浓浓爱意中的学生,潜移默化中将这份爱内化为学生自身的品质,并将其传递给周围的人,并激励学生奋发图强。充满爱的班集体必然是温馨而和谐的。大家都非常熟悉的李镇西老师,就时刻用爱心与童心感染着他的学生们。"爱,当然不等于教育;但教育永远不可能离开爱!"

---

① 李德善. 神奇的教育场[M]. 重庆:西南师范大学出版社,2011:119－125.

"爱心和童心,是我教育事业永不言败的最后一道防线。"

其次,身教重于言教,班主任良好的个性修养会塑造学生的言行举止,促使学生形成文明的行为习惯。班主任得体的衣着和儒雅的言谈举止,是班主任内在美的外化,体现了班主任健康向上的生活习惯和高尚的审美情趣。中小学生具有爱模仿和向师性的心理特征,教师的衣着、言行举止会潜移默化地影响学生。学生通过最初的模仿,逐渐达到内心内化,形成良好的行为习惯并随之提炼形成文明健康的班级精神。

再次,班主任孜孜以求的精神会激起学生的学习热情,从而使整个班级学习气氛浓厚。班主任自身不断学习,提高自身素质,这种上进的态度和学习的精神,会成为学生的典范,唤醒每位学生的学习热情。有了班主任这个榜样,学生们的学习兴趣会更浓,学习的主动性会大大增加,进而使得整个班级充满浓厚的学习氛围。

最后,班主任热情向上的性格会影响学生的个性,从而使整个班级充满活力。班主任每天和学生接触,其乐观热情、活泼开朗的性格一定会直接影响学生,使学生放下羞涩、丢掉自卑,逐渐形成开朗、热情、向上的品格,整个班级也就充满了蓬勃的生机。

(二)班主任是班级精神的引领者①

班级精神不是自发产生的,也不可能自发产生。在班级精神的形成过程中,班主任起着至关重要的作用。"它需要班主任研究自己的班级,以班级学生的发展需要为依据,使某种价值取向成为整个班级群体的价值取向,从而形成具有个性的班级精神。"可以说,班主任是班级精神的引领者,主要体现在以下几方面:

目标引领。一个班级有了明确的目标,就会有努力的方向,同学们才会有一种使命感、一种责任和义务以及一种坚定的信念。这是培养班级精神的基础,而班主任正是确定目标的人。班主任要根据本班学生的整体特点,参照同学们的想法、建议等确定适合班级发展的目标,引领全班同学一步步向着既定的方向迈进。

---

① 李德善. 神奇的教育场[M]. 重庆:西南师范大学出版社,2011:125-129.

评价引领。除了确定目标，班主任对学生言行的评价也会对班级每个成员都产生强有力的影响。班主任倡导什么、赞扬什么，学生也会靠近什么、模仿什么。时间长了，就会在班内树立起一种正确的舆论。良好的集体舆论具有强大的教育力量，是良好的班级精神形成的基础和支撑，它使学生能够自觉地严格要求自己，维护集体的形象，能为集体起到"扶正祛邪"的作用。所以，班主任适时、合理的评价关系着班级精神的形成。

制度引领。制度从一般意义上讲，是指要求大家共同遵守的规程或行为准则。在班级文化建设中，它并不是约束学生的条条框框，而是激励学生发挥自主能力，自觉修正自己的言行的一种机制，能够为学生的成长、为班级精神的形成提供有力的帮助。班主任根据班级学生实际，制定合理的制度，能够促进班级精神的形成和发展。有一位年轻的班主任，她从魏书生老师那里受到了启发，大胆地在班级中给学生们提供自我发展、自我管理的平台，目的是让每个学生都得到锻炼，让班内形成自主成长的风气。在这种理念下，她和学生们一起制定了班训"我是班级小主人"，引导每个孩子承担起管理班级的责任。为了实现这个目标，他们班创设了学生自我管理的班级制度——代理班主任制度，每个学生轮流在一天中体验老师的工作。他们还明确了代理班主任的职责，绘制了代理班主任记录表，并由全体学生对每天的代理班主任进行打分评价。

代理班主任职责

(1)早晨7点半到校，带领同学们进行晨读(古诗、对韵和课文)。

(2)督促值日生做好值日，晨读后组织组长收好作业。

(3)下课提醒大家做好课前准备、提醒同学们多喝水。

(4)课间做好纪律监督工作，并进行记录。

(5)中午组织同学们有秩序地吃饭、做值日和午休。

(6)领做眼保健操。

(7)组织同学们有序排队、做操。

(8)能认真帮老师检查一种作业。

(9)对班级里的突发事件，如果自己不能解决，要及时通报老师。

(10)做好广播记录并向老师报告。

(11)监督值日生做好值日后回家。

(12)做代理班主任的一天里能够及时做好工作记录。

(13)把代理班主任标牌交给下一个同学。

(14)能把自己当班主任的感受写在工作日记中。

这种方式,提高了学生的管理能力,也让他们体会到了老师的辛苦,以此来督促他们更加自律。一位名叫韩雨轩的同学曾在日记中这样写道:"我一直期待着我做代理班主任的这一天,因为那样一定会很威风。可是今天我做代理班主任,却感觉做老师真的没有那么容易,我要组织早读、检查作业,有的同学写字有些潦草,我费了很大的劲去看。我还要做课间操的总结,组织同学们讲故事,这一天让我手忙脚乱。我真正感受到了老师的辛苦。从此,我要好好学习,不给老师惹麻烦。"可见,代理班主任制度让全体学生积极参与管理,充分发扬了民主,有效地调动了学生自主性、积极性和创造性,培养了学生自我管理的能力,自主发展的班级精神随之也逐步形成。

活动引领。只有在各项活动中,班级精神才有实践和确立的机会。第一,教育活动有利于培养学生的集体意识、民主意识、主人翁精神和自我管理能力。第二,教育活动有利于形成正确的班级舆论。第三,教育活动有利于丰富和活跃学生的集体生活,促进学生才智和个性的发展。[①]

二、班主任是班级文化建设的管理者

班主任作为班级的管理者应注重班级文化建设的实施,"管理是通过一系列协调性活动,有效地整合、利用组织资源以达到组织目标的创造性实践活动。"[②]管理的核心是人,班级管理的关键是让班级成员发挥自己的潜能,人尽其才,促进班级成员之间的协作,为班级文化建设服务,促进

① 李德善.神奇的教育场[M].重庆:西南师范大学出版社,2011:125-129.

② 范国睿.学校管理的理论与实务[M].上海:华东师范大学出版社,2003:4.

学生的健康发展。在文化建设管理中,应始终坚持班级文化建设的核心价值,本着班级发展和学生成长的信念,班主任应组织学生构建班级发展规划,将班级核心价值内化到班级成员内心中,在班级建设的方方面面体现出来。班主任合理统筹安排班级人、财、物、时间,更为重要的是将班级成员组织起来,齐心协力,对班级倡导的价值观念产生认同感,自觉主动地参加班级活动。根据学生的潜能、兴趣、需要,善于协调各种矛盾,发展和谐的班级人际关系,营造民主和谐的班级氛围,从而提高班级成员的士气,促进他们在班级文化建设活动中极大地发挥个人的积极性和创造性,最终提高班级文化建设水平,促进学生的健康发展。

三、班主任是班级文化建设的参与者

在班级精神的提炼、环境的布置、制度的制定与实施等方面,班主任要与学生民主商议,参与班级文化的策划与实施过程。班主任是班级文化建设实施的参与者。班主任在班级文化建设过程中,本身就是一个班级精神的引领者和榜样。在参与过程中,班主任可以增强班集体的凝聚力,更深入地了解活动的开展状况。

赵中建认为:"学校文化存在着风尚、风气两个层面,是一个有机的整体,相互补充、相互渗透。校长是风尚的设计者,一开始总是仅为少数人所认可,通过学校行政倡导,自上而下地渗透,一旦风尚为大多数人所接受,就变成了风气。我们也应该清醒地认识到,自下而上的风气对风尚同样有着制约与反弹的作用。风尚变风气,要求校长具有长远的战略眼光和敏锐的洞察力,把时代精神和学校客观实际紧密结合起来,挖掘提倡出与时俱进的文化亮点并加以高度概括和提炼,形成学校的新风尚。在此基础上,校长必须身体力行带领班子成员持之以恒,做到率先垂范、逐步推进,使之人人信服、深入人心,真正成为整个校园信奉并用来统领和约束自己言行的风气。"①班主任在班级文化建设中同样如此,他既是班级文化风尚的设计者,更是风尚的身体力行者,班主任的率先垂范是班级文化建设实施的重要因素。

---

① 赵中建. 学校文化[M]. 上海:华东师范大学出版社,2004:268.

第二节 班级文化建设中班主任的专业发展

一、班级文化建设对班主任专业发展的作用

马克思·范梅南认为，教育学的影响是情景性的、实践性的、规范性的、相关性的，教育学根本上是一门实践的学问。班主任的实践不仅能增长专业知识和专业能力，而且能够形成良好的专业道德素质，其核心是道德人格的修养。班主任的专业发展既要靠教育理论，更离不开班级教育实践经验，以及围绕实践所产生的体验、感悟、理解与反思等。

教育实践是“由在特定环境中如何实现教育的重要目的的信念指导的行动”①。教育实践纷繁复杂，任何理论都不可能给复杂的教育实践以周全的指导。这就需要教师对教育实践形成公正与合理性的理解和恰当的运用，公正和合理不仅是外在的规则和秩序，更是教师的一种内在的能力和德性。班主任工作的实践表明，班集体是班主任实施素质教育的特殊的操作系统，是促进班主任专业成长的一个重要途径，而班级文化的丰富与发展是现代班集体的重要标志。教育实践造就了魏书生、任小艾、李镇西、窦桂梅等许多杰出的班主任。窦桂梅曾经说过：“我深深地感谢五年的班主任工作实践，也深深地感谢我的学生，因为我和孩子们一起成长着，我时时感受着这种成长的幸福和快乐。”所以，班主任应营造良好的班级文化，搞好班集体建设，这是班主任工作的职责。下面就从三个方面阐释班级文化建设对提升班主任专业素养的重要作用。

（一）班级文化建设提升班主任专业道德

班级文化建设是个复杂的系统工程，涉及班级物质文化、精神文化和制度文化等方方面面的工作。班主任要根据既定的工作计划克服各种困难，不断解决问题。班主任只有不被讥讽嘲笑所动、不为名利所惑，积极

① J. C. Walker. An Assay Review of Vivine. Problembased Inethodology: Research for the Improvement of Practice[J]. Educatiunal Philosophy and Theroy, Vol. No. 2, 1996.

进取，才能建设好班级文化。另外，班主任作为班级文化建设的领导者、组织者，理应成为班级的灵魂。班主任情感丰富，班级就必然充满爱心、积极进取、朝气蓬勃；班主任宽容大度，班级就必然和谐；班主任敬业奉献，班级就必然洋溢着责任感……正因为如此，在创建班级文化的过程中，班主任不仅要让孩子们提出班级文化的目标，还要以身作则。可以说，班级文化建设的过程就是对班主任的挑战、锤炼、考验的过程，也是一个自我教育的过程。

（二）班级文化建设拓展班主任专业知识

育人是班级文化建设的宗旨，而以人为研究对象的班主任工作本身就是个非常复杂的系统工程。班级文化建设是一门科学，除了需要教育学、心理学、德育学、行为科学等学科知识以外，还需要文化学、群体动力学、社会学等有关知识。为此，班级文化的建设过程就是学习、探索、践行相关教育理论与实践的过程，当然也就是班主任学习专业理论的过程。通过实践践行相关班级教育的诸多方面的基本理论，从而更深刻地理解班级教育理论的精髓，深入拓展与丰富班主任的专业知识。

（三）班级文化建设锤炼班主任专业能力

班主任的能力都是在实践中得到锻炼和发展的，正如前面所说的那样，班级文化建设的过程是对班主任的挑战、锤炼、考验的过程。当面对困难、面对挑战的时候，除了要具备敬业、奉献的精神外，班主任还要具备相应的专业能力，这是做好班主任工作的保障。实践证明，班级文化建设的过程也是培养班主任协调能力、监控能力、交往能力、创新能力、教育能力的过程。综上所述，班级文化建设的过程就是提升班主任专业素养的过程，班集体就是引领班主任专业成长的重要平台。

二、班级文化建设中班主任道德人格的提升

班主任的实践能够增长专业知识和专业能力，形成专业道德。其核心是班主任道德人格修养的提升。班主任的道德人格具体体现在对教育事业和日常生活的态度上：对教育事业执着的追求、顽强进取的精神，严

谨笃学、一丝不苟的态度;日常生活中的言行堪当学生的楷模和表率。"身教重于言教",班主任的道德人格是道德教育的资源,是直接参与教育过程的因素。道德教育的过程同时也是教师自身道德人格成长的过程。班主任的道德人格既体现为班主任群体共有的道德品质,又体现为每位班主任独特的风格和气韵上。班主任是班级文化建设的领导者和实施者,班主任的道德人格对班级文化建设的方向具有引领作用。班主任应塑造高尚的道德品质,运用自身的人格力量,为班级学生树立正确的价值观,为学生完善人格品质做好积极的表率。班主任道德人格的提升,对于班级文化建设具有重要的现实意义。班主任要尽可能在自己的班主任生涯中努力提升自我,达到自己的最高境界。①

(一)理解学生

(1)心胸豁达。心胸豁达所包含的第一个品质是灵活性。班主任的参照系不能一成不变,应根据外界情境的需要和标准,适应种种变化,表现为对所有学生的一种接纳。心胸豁达的第二个品质是体察性。班主任应能够关注和包容在身体、智力、情感、社交及情绪上不同的学生,包容与自己有不同的看法和见解、思想情感价值观的学生,并能和学生融洽地相处。

(2)敏感性。敏感性是指班主任能对人际关系中出现的变化,及时作出情绪反应的能力。敏感性有可能使班主任在学生产生某种需要、情感、冲突以及困扰时,作出更深入、自发的反应;对学生非言语线索的敏感性,能使班主任超越表面水平更深刻地了解学生。

(3)移情作用。移情作用的心理学意义是在情绪或理智上都处于别人的地位。移情作用是沟通师生的桥梁,将师生的思想和情感联系起来,但它并非简单地将两个人的思想和观点持久地归并为一种思想和情感。

(4)客观性。客观性是指不受个人偏见、先入之见或预期的扭曲,按照事物本来的面目来看待它。而班主任只有避免主观随意性,才有利于与学生交往。

---

① 陈春莲.论班级文化建设中班主任道德人格的提升[J].教学与管理,2011(5).

(二)与学生和谐相处

班主任应真诚、平等、公正地与学生相处。真诚是指班主任开诚布公,不虚伪行事,不以个人的权威或职业地位做掩护。平等是指班主任非权势,不持居高临下、盛气凌人的态度,不诉诸权势来影响和指导学生,积极对待学生。公正是指“教师在教育学生时的态度和行为上,公正平等,正直无私,不偏袒,对待不同性别、不同相貌、不同智力、不同个性、不同出身、不同籍贯、不同亲疏关系的学生,一视同仁,按照党的教育方针,满腔热情地关心每个学生,热爱每个学生,尊重每个学生,从每个学生的特点出发,全心全意教育好学生”①。它是班主任在教育过程中表现出来的正大光明、质朴与公道的高尚品质。教育家艾玛逊说过,教育的秘诀在于尊重孩子。

谢苗是前苏联著名教育家马卡连柯创办的高尔基工学团的一名学生,曾因打架偷窃等恶习而一度离开了工学团。后来,当他和同伴决裂重新回到工学团以后,马卡连柯不仅热烈欢迎他,还在工作上委以重任。一次,马卡连柯派谢苗去银行领取500卢布,回来问清谢苗已数过后,就放心地收下了。但谢苗不踏实,怀疑老师在试探他。过一段时间,马卡连柯又让谢苗去银行领取2000卢布,并给他一支手枪自卫,还让他骑上工学团唯一的马。面对老师的信任,谢苗激动得说不出话来,紧握手枪,跃马飞奔,很快取回钱款让老师查收,可马卡连柯没有查,并诚恳地说:“我相信你不会搞错,我知道你和我一样诚实。”从此以后,谢苗彻底改变,不仅成为一个品德高尚的人,还继承了马卡连柯的神圣事业,从事教育流浪儿的工作,并取得了可喜的成绩。②

(三)积极的自我意识

班主任的教育教学行为是一项独立完成的工作,班主任的自我意识

① 王正平.人民教师的道德修养[M].北京:人民教育出版社,1993:228-229.
② 翟天山.小学班主任[M].北京:北京师范大学出版社,1999:218.

对其行为不断地进行调整。一个班主任如果具有积极的自我意识,他就有信心使自己的教育能力得到最大的发挥。同时,班主任对自己具有比较全面、实际的看法,有助于他的行为表现得敏感而有节制。只有具备深刻的自我意识,才能保证一个人不至陷入错误的表述和偏见之中。这样班主任就需要注重自我考察,"吾日三省乎。"

(四)教育期待

教育期待是班主任对学生的热切期盼,是班主任对学生职业情感中的重要部分。班主任对学生的积极期待,会促使学生向好的方向发展。

(五)率先垂范

班主任的道德具有示范作用。道德不是动听的言词,而是切实的行动。从一定程度上说,道德实践比道德理论更重要,因为道德本身就属于行动,属于实践,班主任的言传身教对学生具有重要的道德影响力。班主任是以自己高尚的人格为学生树立道德楷模,从而起到道德的示范作用。

班主任应提高自己的道德人格,在道德上不断进取、严于自律、保持真挚情感,应当与学生进行心灵沟通,引导道德教育活动,与学生共同学习,进行师生相互教育与自我教育,有效地开展班级文化建设工作。

第三节　班主任专业素养与专业发展

一、班主任专业素养

(一)专业知识

班主任首先需要具有专业的知识。教师的知识可分为三个方面的结构内容:一是教育科学和心理科学等知识。如学生身心发展知识、学生权益保障知识等。二是班主任工作实践知识。指班主任在面临实现有目的的行为中所具有的教育情景知识及与之相关的知识,具体说就是班主任教育经验的积累。班主任教育活动具有明显的情境性,教育情境纷繁复杂,需要班主任对不确定的教育情境作出解释、判断与决策。很多情况下,需要班主任机智地对待,在一种情境下适宜的方法,在另一种情境下可能是不恰当的。这需要班主任具有应对具体教学情境的教育教学实践经验。三是文化科学知识。班主任教育的对象是有待进一步塑造的人,因此,要强调教学工作的"人文性"特点,强调班主任对普通文化知识的掌握,因为普通文化知识本身具有陶冶人文精神、提升人文素质的内在价值。班主任理应具有广博的文化知识,要尽量具备宽广的知识视野,以支撑自己较好地完成本职工作。

(二)专业能力

班主任的专业能力是班主任工作过程中具体工作技能的综合体现,与其生动具体的实践活动相联结,与日常工作情境中的各种教育行为相伴随,是由班主任的个性心理、知识基础、工作实践等因素决定的,有一个不断完善和提高的过程。班主任专业能力可分为班级规划与设计能力、教育交往能力、组织管理能力、教育机智等。

1. 班级规划与设计能力

班主任的班级规划与设计能力是指班主任在具备基本的专业知识和专业技能的基础上,能够综合运用这些知识,规划班级精神、目标与愿景,以及设计班级物质环境、规章制度、班级活动等能力。

2. 教育交往能力

班主任的教育交往能力是指在班主任教育工作过程中,能够建立民主、平等、合作的师生关系,弘扬学生的主体性和个性。良好的师生关系是教育活动顺利进行的重要条件。

3. 组织管理能力

组织管理能力是指班主任能够计划、组织、调控教育活动,机智地驾驭多变的教育情境。为此,教师首先应掌握教育管理的艺术。组织开展教学活动,调动学生的积极性,发挥学生的主体性,使班级活动活而不乱。其次,要培养学生的自我管理能力,养成学生良好的学习习惯和自我管理能力。最后,要培养班主任的自我教育监控能力,对自我的教学活动进行积极主动的反思,不断提高教学应变能力。

4. 教育机智

教育机智是指一种面对新的突发事件能够迅速而正确地作出判断，随机应变地采取恰当而有效的教育措施，以解决问题的能力。班主任的教育机智表现了教师的教育机敏性品质。班主任的教育机敏性品质产生于班主任对学生特征的长期观察和深入研究，以及平时对教育问题的不断思考。最后，班主任的教育机敏性还依赖于教育经验的积累。

班主任运用教育机智应该遵循因势利导、扬长避短的指导原则，以便达到正面教育效果。运用教育机智处理学生冲突或突发事件，第一，要表现班主任对学生的尊重、热爱和责任感。班主任对问题或事件的处理应有利于学生的成长，而不是给学生带来伤害。第二，要深入研究学生，发现学生身上的优点和长处，敏锐地察觉学生身上蕴藏的等待诱发的积极因素。班主任应具有高度的敏感性和应变力，善于发现、及时捕捉学生现场表露出来的积极因素，加以引导和激发，抓住学生的闪光点，引发为炽烈的热情，化为积极的行动。事实证明，班主任对学生所持的心态不同，处理的方法不同，就会产生截然不同的结果。处理和解决偶发事件，班主任应针对不同情况，采取多种方式，对症下药。例如，学生在课间发生冲突，情绪波动而影响上课。有经验的班主任会首先抚慰受害较大的一方，利用其优点，让其有好的表现，然后加以表扬，使其情绪稳定，从而进入正常的教学活动，矛盾的具体解决留待课后进行。对有生理或心理缺陷或学习差的学生，有经验的班主任则要根据现场情况，及时发现可能出现的问题，鼓励全体学生有耐心并有意识地鼓励、帮助他们。

（三）专业道德

班主任的专业道德是班主任基本的职业规范，是作为班主任必须具备的最起码的专业准则，主要体现在班主任对学生的爱以及对教育事业的爱。由于班主任的工作任务非常繁琐，工作压力非常大，因此，如果没有高尚的品格，班主任工作是难以做好的。[①]

---

① 李琳，陈芳，王媛，等. 走向专业理解——班主任专业标准的理性思考与实践建构［J］. 教育理论与实践，2012（26）.

二、班主任专业发展的实现模式

教师的专业成长是指教师个体的、内在的专业化提高的转变过程，从而成为教学的专业成员，并且在教学中具有越来越成熟的作用。班华教授在《班主任专业化的理论和实践》一书的序言中指出，班主任专业化是教师专业化的一个特殊的方面。班主任的特殊性可以概括为两个方面：第一，教师劳动的性质是特殊的脑力劳动，在与学生的交往过程中，促进学生的精神发展。第二，班主任有其特殊的教育操作系统，即发展性的班级教育系统。班主任专业发展的实现模式有以下几种：

(1)高校为本的专业发展模式。现代教师的培训的方式之一是以高校为基地进行继续教育，一般在高等师范院校或综合性大学教育学院进行。高校具有很强的专业理论研究的优势，本模式较好地培养了班主任的专业理论基础，满足了培养高素质班主任的需要，适应了班主任教育高学历化的历史趋势。

(2)学校为本的专业发展模式。学校为本模式是针对以高校为本的教师教育模式而言的，学校为本的教师教育要求培训的重心下移，从班主任实际出发，以中小学为基地培训教师。学校为本的专业模式结合班主任工作实际，能有效地提升班主任专业能力。

(3)教师个体专业发展模式。所谓教师个体专业发展模式是指“教师具备专业发展的意识，并能够通过各种途径对教学实践中出现的问题进行研究，不断提高专业水平，实现专业发展”①。教师个体的专业发展意识主要是指班主任具备主动学习、教育观察和自我反思的意识。

(4)大学与中小学合作的专业发展模式。有研究者认为，所谓大学与中小学合作的专业发展模式是指“中小学利用与大学的各种合作进行专业发展的一种模式”②。这种发展模式既能利用高校理论研究与教育的优势有效提升班主任的专业理论基础，满足培养高素质班主任的需要，

---

① 张敏霞，王陆，刘菁，郭立红．北京农村教师专业发展模式及存在问题的调查[J]．教师教育研究，2007(1)．

② 张敏霞，王陆，刘菁，郭立红．北京农村教师专业发展模式及存在问题的调查[J]．教师教育研究，2007(1)．

适应教师教育高学历化的历史趋势，又能结合具体中小学教育实际切实提升班主任的教育能力。

三、班主任专业发展策略

（一）专业阅读

班主任要实现专业化发展，首先要广泛学习与班主任专业发展相关的知识，包括教育学、心理学、管理学、班级管理实践等方面的书籍、报刊、专题报告以及相关题材的影像资料等。在相关专业理论的指导下，借鉴班级文化建设的成功经验，进行实践探索。

（二）班级教育叙事

班级教育叙事是指教师在研究中，对班级管理真实情境中发生的教育教学典型性事件，采用叙事的方法所做的某些简短的记录及评析，以及成形的研究成果。它是以叙事、讲故事的方式表达对班级教育与管理具体情境的理解和解释。班级教育叙事重现真实的、具有情节性的班级教育与管理的真实情境，并对情境中所蕴含的教育与管理理论进行分析与反思。教师通过撰写班级教育叙事，重现班级教育与管理情景，让研究者重新回到班级教育与管理的具体情境中，通过他者的批评、建议、分享，引导与提升教师反思的质量。教师的实践反思对于专业化水平的提升至关重要，反思的质量是决定教师专业成长水平的核心因素。一些班主任无法突破其专业发展的高原期，主要因为他们对教育实践的反思停留在自身经验层次，缺乏相关理论和研究、同行和专家的引领。因此，通过叙事评析，让专家和同行参与到教育者的反思中来，为教育者提供更宽泛的反思视角。

（三）主题研讨

从复杂的班级教育与管理活动的基本流程中提取出关键性的活动与环节，如班主任与学生的第一次见面与演讲、学生座位的编排、班委会的建立、班级规章制度的拟定、班级的常规活动与主题活动的开展、家校联合体的组建等。组建由教育管理专家和一线教师成立的班级教育与管理专业研讨群体，在专家引导下，对班级教育与管理中的关键性活动与环节进行深入的讨论反思，群策群力，集思广益，丰富班主任日常教育与管理活动中的经验与技巧，为班主任日常教育与管理活动提供多方位思考视角和多途径解决方案。

（四）实践观摩

专业阅读、教育叙事、主题研讨等班主任专业发展策略主要借助语言、视频、音频、文字进行交流，学习者难以获得教育情境性知识。而对于真正的班级管理活动而言，场域至关重要，人的在场与否对教育的意义是大不相同的。因此，应将专业阅读、主题研讨、反思和实践观摩结合起来，结合具体的教育情境中的问题进行专业阅读和主题研讨。通过定期召开实践观摩会，亲临现场观摩班级的运行、班级活动的组织等方式，展开专业阅读和主题研讨。

（五）模仿反思策略

模仿反思策略即结合班主任自身、学生以及班级管理的实际情况，引导班主任研究相关情境下的教育的成功案例，参照、模仿、创造，不断总结反思自身实践，不断修正方案，重新实施，循环往复，螺旋式上升，从而提升班主任的实践能力和实践效果。

（六）建立学习共同体

著名管理学家彼得·圣吉在《学习型组织》一书中称，未来的学习一定是基于组织的学习，基于共同体的学习，在某一专业领域孤单的、个体式的掘进已经不适应信息时代的发展趋势。共同体的学习既能够让学员克服单个人的孤独感，又能够让学员在坚持发展的同时找到归属感和认同感。组织建构班主任学习共同体，在专业共同体中学习成长。①

① 刘永存. 班主任专业发展的追求与困境[J]. 教学与管理，2012(12).

小结

班主任作为班级的领导者、管理者和参与者,直接影响着学生的发展。班主任引导学生健康发展的主要途径之一是营造有利于学生发展的文化环境,形成良好的班级文化。可以说,班主任是班级文化形成与发展的最大影响源,他们对学生行为习惯的塑造、情感的陶冶、个性的形成起到巨大的作用,班主任的人格往往是班级精神的外化。班主任的人格修养和业务素养,与班级文化的形成有着密不可分的关系。班级文化的建设过程是班主任道德素养不断提升的过程;班级文化的建设过程是拓宽班主任专业知识的过程;班级文化的建设过程是锤炼班主任专业能力的过程。班主任必须在人格与个性修养、知识与能力等多方面进行刻苦修炼,努力提高个人素质,这样才能成为班级文化建设的导师。班主任应理解学生,心胸豁达,敏感地察觉班级人际关系中出现的变化,及时作出情绪反应,应真诚、平等、公正地与学生相处,率先垂范。

思考题:

一、名词解释:

班级精神　班主任专业发展

二、简答题:

班级文化建设对班主任专业发展的作用。

三、论述题:

1. 试述班主任在班级文化建设中的角色与作用。

2. 结合班级文化建设实践,阐述如何提升班主任道德人格。

四、材料分析题:

高一(2)班的自习课上,几个同学在议论"男同学留长发好不好看?"肖老师听见了,感兴趣地问:"结论呢?"他们都摇摇头。看着几个不肯剃掉长发的男同学,长发被高领毛衣拱起,翘得像要下蛋的母鸡尾巴,肖老师忽然问道:"想听听我的意见吗?”这下,这几个同学可来劲了。

“要听就大家一起听!”肖老师面对全班同学大声说。其他同学弄明白肖老师要讲什么,也都来劲了。陈刚同学还大声喊道:“我们要听真话!”他的话外音肖老师是明白的。

“大家知道吗?最有权威回答这个问题的是什么人?是女同学。因为男同学留长发是给女同学看的。”肖老师的话音刚落,全班轰了一下,许多男同学都低下了头,几个留长发的同学尴尬地红了脸,厚脸皮的陈刚也只是笑,他的嘴巴可老实多了。“我想女同学是不会公开回答这个问题的,”肖老师接着说,“但根据报道,女同学普遍觉得男同学留长发显得很疲沓、不精神,缺乏青春活力。”……

渐渐地,班上留长发的男同学越来越少了。

结合案例谈谈班主任应如何提升自身道德修养。

参考文献:

[1]李德善.神奇的教育场——打造特色班级文化创新艺术[M].重庆:西南师范大学出版社,2011.

[2]赵中建.学校文化[M].上海:华东师范大学出版社,2004.

[3][美]雷夫·艾斯奎斯.第56号教室的奇迹:让孩子变成爱学习的天使[M].卞娜娜,译.北京:中国城市出版社,2009.

[4]魏书生.班主任工作漫谈[M].北京:文化艺术出版社,2012.

[5]高慧敏.给学生一个心灵的支点——高慧敏班级高效管理艺术[M].上海:华东师范大学出版社,2011.

[6]王丽娜.班主任文化建设的思考[J].教学与管理,2010(23).

[7]黄正平.文化建设:班主任专业化的灵魂[J].中小学教师培训,2007(6).

[8]王鹰.班主任工作技能训练[M].北京:人民教育出版社,1995.

[9]陈春莲.论班级文化建设中班主任道德人格的提升[J].教学与管理,2011(5).

[10]马文华.在特殊的发展历程中浇铸独特的学校文化——浅谈校长在学校文化建设中的角色和作用[J].现代教育科学,2010(4).

[11][德]恩斯特·卡西尔.人论[M].甘阳,译.北京:西苑出版社,2004.

[12][美]柯尔伯格.道德教育的哲学[M].魏贤超,柯森,等,译.杭州:浙江教育出版社,2000.

[13][美]亚伯拉罕·哈罗德·马斯洛.实现人生价值[M].冯化平,译.呼和浩特:内蒙古人民出版社,2003.

后　记

党的十七届六中全指出："当今世界正处在大发展大变革大调整时期，文化在综合国力竞争中的地位和作用更加凸显，维护国家文化安全任务更加艰巨，增强国家文化软实力、中华文化国际影响力要求更加紧迫。当代中国进入了全面建设小康社会的关键时期和深化改革开放、加快转变经济发展方式的攻坚时期，文化越来越成为民族凝聚力和创造力的重要源泉、越来越成为综合国力竞争的重要因素、越来越成为经济社会发展的重要支撑，丰富精神文化生活越来越成为我国人民的热切愿望。"学校文化是对优良传统的继承和发展，本质上体现了文化发展的方向和追求。

班级文化是学校文化的重要基石。从一定意义上说，要搞好学校文化建设，就必须重视班级文化建设。只有从班级文化建设抓起，把具有班级特色的文化建构起来，互相协调、作用，方可形成学校文化，为学校文化建设奠定坚实的基础。从目前学校文化建设的状况来看，学校重学校文化建设，轻班级文化建设，"学校有文化，班级无文化"的现实制约着学校文化的深化与发展。20 世纪 80 年代，在国内"文化热"的影响下，学校文化受到关注，班级文化随之在国内兴起与发展。但是关于班级文化的基本概念及建设模式等仍在探索中。该书试图结合中小学班级文化建设实践，试图运用逻辑理性和感性经验两条途径整合书稿内容，因此，在该书中，既有大量现象的揭示，也有理性逻辑的分析，以及由此总结得出的班级文化建设的基本概念、范畴等。

该书是对班级文化问题研究成果进行整理和创新的结果，是安徽省教育厅人文社科重点研究基地重点项目（SK2012A187）的阶段性成果之一。该书在撰写过程中参考并引用了许多作者的文献，在此表示衷心的感谢和十分的敬意！该书责任编辑陈艳先生为该书的编辑出版付出了很多心血，这里表示衷心的感谢！

汪昌华

2013 年 2 月